PSYCHOLOGIE

für Anfänger

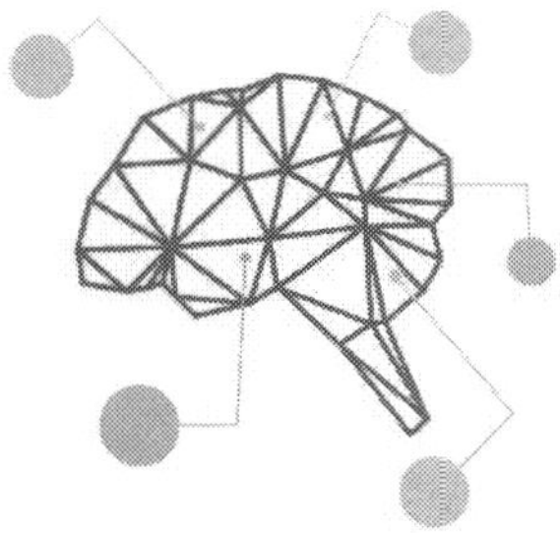

Der Code der menschlichen Seele!

Psychologie im Alltag: Menschen verstehen. Inkl. Positive Psychologie, 40 psychologische Effekte & EQ Test für mehr Erfolg & Glück

ALEXANDRA MUTH

Great books 4YOU

1. Auflage 2019

IST DIPLOM S. u. G. Alexandra Muth

1. Auflage 2019

ISBN: 978-3-96709-007-9

Inhalt

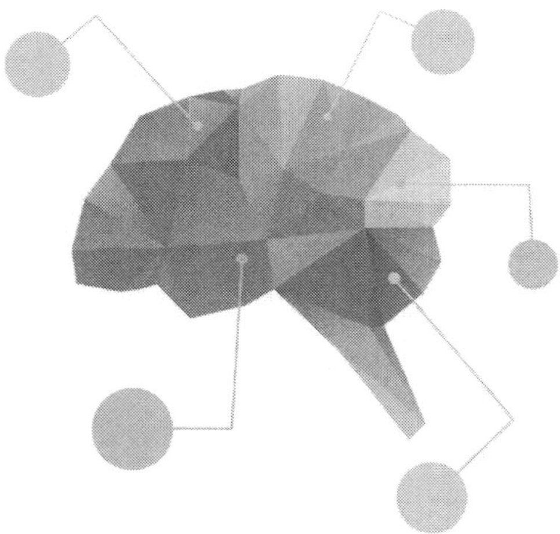

1

Vorwort

Was macht das Gebiet der Psychologie eigentlich für viele Menschen so interessant?

Sicher ist ein Grund dafür, dass man mit einem guten, psychologischen Wissen in vielen Bereichen des Lebens punkten kann. Sei es im Privatleben, um Familie und Freunde besser zu verstehen, oder im Job, um seine Vorgesetzten und Kollegen durchschauen zu können.

Außerdem ist der Mensch ein faszinierendes Wesen und seine Psyche ist ein äußerst komplexes und spannendes „unsichtbares Konstrukt".

Vielleicht haben auch Sie sich schon gefragt, so wie ich bereits in meinen Jugendjahren, was den Menschen eigentlich so individuell macht. Was sein Erleben und Verhalten beeinflusst und weshalb er genau so reagiert, wie er in bestimmten Situationen nun mal reagiert. Man sucht nach logischen Erklärungen,

Zusammenhängen und allgemein gültigen Gesetzen. Nicht nur um manchmal auch die dunkle Seite der menschlichen Seele zu erklären. *Mit diesem Buch möchte ich allein, die tiefer in die Materie eintauchen wollen, eine große und möglichst vielfältige Einführung widmen. Zum einen natürlich, um Ihren Wissensdurst zu stillen und zum anderen, um Ihnen psychologische Fachkenntnisse zu vermitteln, die Sie zu Ihrem persönlichen Vorteil nutzen können.*
Ich hoffe, dass Sie genauso für das Thema der menschlichen Psychologie „brennen" wie ich und dass ich Sie mit meiner Begeisterung anstecken werde.

Bevor es gleich losgeht, möchte ich mich Ihnen kurz vorstellen:

Mein Name ist **Alexandra Muth** und ich studiere derzeit **Angewandte Psychologie**. Das Verfassen von Texten liegt mir einfach im Blut, bereits als

Kind erfand ich meine eigenen Geschichten. So kam ich dazu, regelmäßig für den Verlag „Great Books 4YOU" zu schreiben.
In meinen jüngeren Jahren entschied ich mich, ein Diplom als Gesundheitstrainerin zu absolvieren. Doch wie Sie bereits gelesen haben, hat sich meine Interesse für die Psychologie doch noch in meiner beruflichen Laufbahn bemerkbar gemacht.
Schon meine Mutter studierte Psychologie und arbeitete lange Zeit als Psychologin. So wurde mir die Leidenschaft für die Lehre der menschlichen Seele in die Wiege gelegt. Nachdem ich zuerst eine ganz andere Richtung einschlug, trat ich dann doch in die Fußstapfen meiner Mutter.
Denn wie es so heißt, „der Apfel fällt nicht weit vom Stamm".

Nun wünsche ich Ihnen genau so viel Spaß beim Lesen, wie ich beim Schreiben dieses Werks hatte!

Ihre Alexandra Muth

1. Einführung in die Psychologie

Warum ist eigentlich psychologisches Wissen so wichtig?

Die Antwort auf diese Fragestellung ist im Grunde ganz simpel: Die Psychologie begegnet uns immer wieder in wichtigen Aspekten des Alltags, so beispielsweise in der Werbung, aber auch in der Biologie oder dem Gesundheitsbereich. Psychologisches Wissen ist jedoch auch bedeutsam, wenn es um die Beurteilung persönlicher Beziehungen, der individuellen körperlichen und geistigen Entwicklung, gewissen Verhaltensmustern oder der Fähigkeit, etwas Neues zu erlernen, geht.

Psychologie wird wie folgt definiert:

***„Psychologie ist die wissenschaftliche Untersuchung des Verhaltens von Individuen sowie ihren kognitiven beziehungsweise geistigen Prozessen“* (vgl. Gerrig u. a., 2018, S. 4 f.)**

Die Psychologie beschäftigt sich aber nicht nur mit dem menschlichen Verhalten, sondern auch mit dem Seelenleben. Es geht somit auch wesentlich darum, Gefühle und Gedanken konkret zu erforschen. Zu diesem Zweck bedient sich die Psychologie vieler verschiedener Methoden. Des Weiteren beschäftigt sich die Psychologie auch noch mit unterschiedlichen Phänomenen, die jeder von uns aus dem Alltag kennt. Diese empirische Wissenschaft sammelt auch Ergebnisse, Messungen und Fakten. Durch bestimmte Versuche sollen beispielsweise die konkreten Ursachen für ein bestimmtes Verhalten aufgedeckt werden. Anders ausgedrückt lässt sich also sagen: Die Psychologie forscht nach Erklärungen, warum ein Mensch ein bestimmtes Verhalten an den Tag legt.

Die Psychologie versucht jedoch auch, Menschen bei der Bewältigung ihrer seelischen Probleme zu helfen. Hier geht es wesentlich um die Diagnose und adäquate Behandlung von psychischen Erkrankungen, Persönlichkeitsstörungen oder Ängsten. Neben der medikamentösen Therapie gibt es auch spezielle Verhaltenstherapien und Entspannungstechniken, die dem Menschen dabei helfen sollen, belastende innere Zustände zu überwinden und somit ihre eigene Lebensqualität zu erhöhen.

Grundsätzlich wird zwischen der Grundlagenforschung, der praktischen sowie der angewandten Psychologie unterschieden. Die Grundlagenforschung setzt sich mit verschiedenen Theorien auseinander, während die praktische Psychologie versucht, die Probleme in der Praxis auf wissenschaftliche Art und Weise zu lösen. Verhalten, Erleben, Entwicklung, Motivation, Persönlichkeitsentwicklung und vieles mehr: Die Psychologie erstreckt sich über viele verschiedene Gebiete! Es handelt sich hier also um ein sehr breitgefächertes Forschungsgebiet, das sich stetig weiterentwickelt. In diesem Buch möchte ich Sie einladen, tiefer in diese Materie einzutauchen und die Psychologie näher kennenzulernen.

2. Die Geschichte der Psychologie

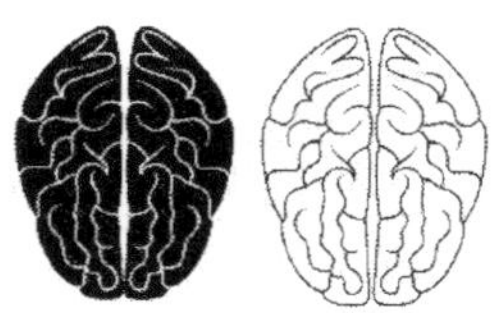

Mit den fundamentalen Fragen der Psychologie setzten sich bereits die alten griechischen Philosophen Aristoteles (384-322 v. Chr.) und Platon (427-347 v. Chr.) auseinander. Im Zentrum standen Fragestellungen nach dem Wesen der Willensfreiheit oder der Funktionsweise des menschlichen Geistes.

Was zeichnet die Beziehung des Menschen zum Staat oder zu anderen Mitmenschen aus?

Formen der Psychologie finden sich sogar in alten indischen Traditionen, dennoch wurzelt die westliche Psychologie in den Schriften dieser bekannten Philosophen Griechenlands. Aristoteles und Platon entwickelten verschiedene Positionen, die einen wesentlichen Einfluss auf unser heutiges Denken haben. Gemäß ihrer *empirischen* Sichtweise gleicht der Geist des Menschen zu Beginn des Lebens einer komplett leeren Tafel, der sogenannten „Tabula rasa“. Erst durch prägende Lebenserfahrungen gelangt der Mensch zu tieferen Einsichten und Erkenntnissen. Die *nativistische* Sichtweise sagt hingegen aus, dass Menschen bereits mit bestimmten mentalen Strukturen geboren werden. Auch Immanuel Kant (1724-1804) greift diese Sichtweise im 18. Jahrhundert wieder auf und bringt die Debatte um „Anlage vs. Umwelt“ auf.

Platon war es, der die Grundlage für das Schichtenmodell der Seele schuf: Dieses wurde später die Basis für Sigmund Freuds „Strukturmodell der Psyche“.

Ebenso trug René Descartes, ein bekannter französischer Philosoph, wesentlich zum heutigen Erscheinungsbild der Psychologie bei: Für ihn war der Mensch jemand, der wissenschaftlich erforscht werden kann.

Techniken aus anderen Wissenschaften wie etwa der Physik trugen zum Ende des 19. Jahrhunderts dazu bei, dass die Psychologie zu einer eigenen Disziplin wurde.

Der Begründer der experimentellen Psychologie, Wilhelm Wundt, ist fest mit der modernen Psychologie verbunden. Er war es, der in Leipzig im Jahr 1879, das erste Institut für experimentelle Psychologie gründete. Ursprünglich studierte Wundt zwar Medizin, doch seine Leidenschaft galt der Erforschung der menschlichen Psyche. Er versuchte, die grundlegenden Wahrnehmungs- und Empfindungsprozesse zu verstehen und betrieb dafür eine Bandbreite an Forschungen. In seinem Leipziger Labor begann er sogar damit, die ersten Doktoranden in Psychologie auszubilden. Unter diesen Studierenden und wissenschaftlichen Mitarbeitern befanden sich auch Hugo Münsterberg, Charles Spearman sowie James McKeen Cattell: Sie gelten als Gründer eigener psychologischer Labore (vgl. Gerrig u. a., 2018, S. 8 f.)

Mit dem Anfang des 20. Jahrhunderts kristallisierten sich unterschiedliche Grundströmungen der Psychologie heraus:

Im Jahr 1985 veröffentlichen Josef Bauer und Dr. Sigmund Freud die ersten psychoanalytischen Fallstudien. Gemäß dieser psychodynamischen Perspektive wird das menschliche Verhalten durch starke innere Kräfte motiviert. Handlungen folgen also demnach aus geerbten Instinkten und biologischen Trieben. Dieser psychologischen Perspektive zufolge versucht der Mensch eine Balance zwischen den eigenen Bedürfnissen und den sozialen Anforderungen herzustellen. Nach dieser Theorie enden die Verhaltensreaktionen

erst dann, wenn der Mensch seine Bedürfnisse als befriedigt ansieht. Sigmund Freud gewann seine Erkenntnisse vor allem aus der Arbeit mit psychisch Kranken heraus. Er war überzeugt davon, dass seine Beobachtungen sowohl für normales als auch für abweichendes Verhalten zutreffen. Aus rein wissenschaftlicher Perspektive ist die Psychoanalyse Sigmund Freuds vielmehr ein komplexes Theoriegebäude, das zwischen Neurologie (Medizin), Philosophie, Psychiatrie sowie Metaphysik anzusiedeln ist und kein Teilbereich der Psychologie.
Ebenfalls in dieser Zeit ist die ganzheitliche Gestaltpsychologie anzusiedeln. Wolfgang Köhler, Felix Krueger und Max Wertheimer gelten als führende Vertreter dieser Strömung. Eine zentrale Rolle spielt hier auch die behavioristische Perspektive. Hier geht es vor allem darum, zu verstehen, wie bestimmte Umweltreize bei Menschen gewisse Verhaltensweisen hervorrufen. Neben beobachtbaren Verhaltensweisen gibt es auch nicht beobachtbare Aspekte wie zum Beispiel Emotionen oder Motivationen. Diese psychologische Perspektive geht also davon aus, dass der Mensch nahezu komplett von Umweltreizen gesteuert wird. Zudem gilt jedes menschliche Verhalten als erlernbar.
Später entwickelten sich weitere Perspektiven des Behaviorismus. Insbesondere in den 60er und den 70er Jahren entwickelten Albert Bandura und Hans Eysenck die Theorie des „Lernens am Modell".

Auch die humanistische Perspektive ist ein wesentlicher Teil der Geschichte der Psychologie. Die humanistische Psychologie wurde in den 50er Jahren als alternatives Modell zur behavioristischen sowie zur psychodynamischen Perspektive entwickelt. Demzufolge werden Menschen weder durch Umweltreize manipuliert, noch von instinktiven, inneren Kräften angetrieben. Vielmehr wird der Mensch als ein aktives Geschöpf angesehen, das von Natur aus gut ist und selbst über seine Entscheidungen verfügen kann. Abraham Maslow und James Bugental gelten als Begründer der humanistischen Perspektive. Carl Rogers entwickelt dieses Modell schließlich weiter.

In der zweiten Hälfte des 20. Jahrhunderts begann die sogenannte Kognitive Wende: Hier traten in der Psychologie Themen wie Emotionen, Aufmerksamkeit, Kognition und Denken in den Vordergrund. Die kognitive Wende berücksichtigte im Vergleich zum Behaviorismus die Funktionsweise des menschlichen Gehirns. Diese Fortschritte in der Hirnforschung haben zu signifikanten Durchbrüchen im Bereich der kognitiven Neurowissenschaften geführt (vgl. Gerrig u. a., 2018, S. 13 f.).

3. Selbsttest: „EQ-Test: Wie hoch ist meine emotionale Intelligenz?“

Neben dem bekannten Begriff „IQ“ etablierten Peter Salovey und John D. Mayer 1990 den Begriff der „emotionalen Intelligenz“ – kurz EQ. Sehr lange Zeit galt allein der Intelligenzquotient als wesentlicher Maßstab für den Erfolg eines Menschen. Doch allmählich wurde immer klarer, dass auch der sogenannte „emotionale Quotient“ für den beruflichen sowie persönlichen Erfolg eine wesentliche Rolle spielt, wenn nicht sogar eine noch größere als der IQ. Ein emotional intelligenter Mensch kann eigene, aber auch fremde Gefühle wahrnehmen, sie verstehen und sogar beeinflussen. Es geht hier wesentlich um Kompetenzen wie zum Beispiel Höflichkeit, Taktgefühl, Menschlichkeit und Kommunikationsfähigkeit. Die emotionale Intelligenz steht also nicht nur in Bezug zum Umgang mit der eigenen Person, sondern auch zum Umgang mit anderen Menschen.

Die emotionale Intelligenz besteht aus den folgenden Elementen:

Selbstbewusstheit

Hiermit ist die realistische Selbsteinschätzung der eigenen Persönlichkeit gemeint. Es geht hier also wesentlich um das Erkennen sowie um das richtige Einordnen der eigenen Gefühle, Ziele und Bedürfnisse. Selbstbewusstheit meint jedoch auch, die eigenen Stärken und Schwächen zu kennen. Die Selbstbewusstheit ermöglicht eine Selbstreflexion und gibt somit die Chance, an den eigenen Schwächen zu arbeiten.

Motivation

Hier geht es darum, aus seinem eigenen Inneren eine Begeisterungsfähigkeit und Leistungsbereitschaft zu entwickeln. Eine solche Fähigkeit ist besonders dann wertvoll, wenn schwierige Phasen auftauchen, in denen die Dinge anders ablaufen als ursprünglich geplant. Wer in der Lage ist, sich selbst zu motivieren, schöpft daraus immer wieder die Kraft zum Weitermachen. Solche Personen verfügen in der Regel auch über eine höhere Frusttoleranz.

Selbststeuerung

Hiermit ist die Fähigkeit gemeint, die eigenen Stimmungen und Emotionen selbst beeinflussen zu können. Wer sich selbst steuern kann, ist seinen eigenen Gefühlen nicht hilflos ausgeliefert, sondern kann sein emotionales Seelenleben selbst konstruktiv beeinflussen. Ruft eine bestimmte Situation beispielsweise Gefühle des Zorns hervor, so ist man hier im Stande, sich selbst durch einen inneren Dialog zu beruhigen und schließlich eine angemessene Reaktion an den Tag zu legen.

Empathie

Unter diesem Begriff fällt das Einfühlungsvermögen eines Menschen. Es geht hier also wesentlich darum, sich in andere Mitmenschen hineinversetzen zu können und ihre Sichtweisen nachvollziehen zu können. Das ermöglicht einfühlsame und angemessene Reaktionen. Es geht insbesondere auch darum, anderen Mitmenschen mit Respekt zu begegnen und Verständnis für ihre Denkweisen und Handlungen aufzubringen.

Soziale Kompetenzen

Hiermit ist die Fähigkeit eines Menschen gemeint, Kontakte und Beziehung zu seinen Mitmenschen zu knüpfen. Zur sozialen Kompetenz gehört jedoch nicht nur ein gutes Beziehungsmanagement sondern auch eine umfassende Konfliktbewältigung.

Kommunikationsfähigkeit

Dieses Element ist unverzichtbar wichtig für die emotionale Intelligenz eines Menschen. Zum einen geht es um die Fähigkeit, sich selbst klar ausdrücken zu können und seine Anliegen transparent weiterzuvermitteln. Zum anderen geht es hier darum, Mitmenschen aufmerksam zuzuhören und ihre Aussagen richtig einordnen zu können. Es bringt viele Vorteile mit sich über eine hohe emotionale Intelligenz zu verfügen. So ist ein hoher EQ die Grundlage für mehr Erfolg – sowohl in beruflicher als auch in persönlicher Hinsicht. Emotional intelligente Menschen sind in ihrem Beruf oftmals sehr erfolgreich: Sie kommen zum einen sehr gut mit ihren Mitmenschen aus und verfügen außerdem über sehr gute Führungsqualitäten. Emotionale Intelligenz ist jedoch auch im Alltag von Vorteil, denn es erleichtert das Zusammenleben und die Kommunikation mit dem Lebenspartner oder einzelnen Familienmitgliedern. Konflikte können konstruktiv gemeistert und Mitmenschen kann Respekt und Akzeptanz entgegengebracht werden. Aus diesem Grund sind emotional intelligente Menschen häufig sehr beliebt: Sie führen in der Regel tiefgehende Freundschaften und Beziehungen. Personen, die über eine hohe emotionale Intelligenz verfügen, fühlen sich selbst ausgeglichen und sind im Allgemeinen zufriedener mit sich selbst und ihrem Leben.

Verfügen Sie über eine hohe emotionale Intelligenz?
Mit dem folgenden Test können Sie Ihren EQ testen!

Dieser Test zur Messung der emotionalen Intelligenz misst drei Schlüsseldimensionen:

1. ***Klarheit:*** *Ich kann meine Emotionen sehr gut verstehen.*
2. ***Aufmerksamkeit:*** *Ich kann meine Emotionen selbst richtig wahrnehmen und in angemessener Weise zum Ausdruck bringen.*
3. ***Ausgleich:*** *Ich kann meine Emotionen selbst adäquat regulieren.*

Dieser Test umfasst 24 Fragen. Am Ende finden Sie eine Auswertung für Ihre eigene Selbsteinschätzung. Lesen Sie sich die Fragen aufmerksam durch und geben Sie an, inwiefern Sie einer Aussage in vollem Umfang, nur eingeschränkt oder gar nicht zustimmen können.

Das Punktesystem:
1 Punkt = gar keine Zustimmung
2 Punkte = geringe Zustimmung
3 Punkte = Neutral
4 Punkte = eingeschränkte Zustimmung
5 Punkte = absolute Zustimmung

1. *Ich fokussiere mich stark auf mein eigenes Gefühlsleben.* ☐
2. *Ich nehme meine Gefühle bewusst und aktiv wahr.* ☐
3. *In nehme mir regelmäßig Zeit, um über meine Gefühle nachzusinnen.* ☐
4. *Ich bin der Meinung, dass es sich lohnt, auf sein Gefühlsleben Acht zu geben.* ☐
5. *Ich lasse es zu, dass meine Gedanken meine Gefühlswelt bestimmen.* ☐
6. *Meine Gedanken kreisen permanent um meine Emotionen.* ☐
7. *Ich kenne mich selbst ganz genau und weiß, welche Situationen bei mir ein bestimmtes Verhalten hervorrufen.* ☐
8. *Ich kann meine Emotionen gut kontrollieren und bin ihnen nicht hilflos ausgeliefert.* ☐
9. *Ich kann die Gefühle anderer Menschen nur schwer zuordnen und damit umgehen.* ☐
10. *Ich bin sehr kommunikativ.* ☐
11. *Ich bin ein sehr guter Zuhörer für meine Mitmenschen.* ☐
12. *Es fällt mir nicht schwer, Kontakte zu anderen Mitmenschen zu knüpfen.* ☐
13. *Ich kann mich selbst motivieren und meine Leistungsbereitschaft wecken.* ☐
14. *Es macht mir Spaß, mit anderen Menschen im Team zu arbeiten.* ☐
15. *Ich kann nicht nur mich selbst, sondern auch andere motivieren.* ☐
16. *Ich habe meiner Meinung nach sehr gute Führungsqualitäten.* ☐

17. *Im Allgemeinen habe ich eine positive Lebenseinstellung, auch wenn ich mich mal traurig fühle.* ☐
18. *Andere Menschen verbringen sehr gerne mit mir Zeit.* ☐
19. *Meine Mitmenschen suchen häufig Rat bei mir.* ☐
20. *Bei meinen Mitmenschen bin ich sehr beliebt.*
21. *Meine Emotionen kann ich auch anderen Menschen gegenüber klar und direkt kommunizieren.* ☐
22. *Wenn ich glücklich bin, strotze ich nur so vor Energie.* ☐
23. *Ich weiß genau, wer ich bin und wo ich persönlich noch Ausbaubedarf habe.* ☐
24. *Ich kann mit Kritik aus meinem Umfeld gut umgehen.* ☐

Für die **Auswertung** zählen Sie bitte Ihre Punkte gemäß dem oben genannten Punktesystem zusammen. Jede Ihrer Antworten gibt eine bestimmte Punktzahl.

0–40 Punkte: Sie haben durchaus noch Entwicklungspotenzial, was Ihre emotionale Intelligenz betrifft. Sowohl in der Klarheit, als auch in der Aufmerksamkeit sowie dem Ausgleich Ihrer Emotionen können Sie noch einiges verbessern. Finden Sie heraus, wer Sie sind und was Sie prägt. Was ist Ihnen wichtig? Welche Ziele und Bedürfnisse haben Sie? Welche Emotionen liegen Ihrem Denken und Handeln zugrunde? Lernen Sie bewusst mit Ihren eigenen Gefühlen umzugehen, denn es ist etwas ganz Natürliches und Menschliches. Gestehen Sie auch anderen Menschen ihre Einzigartigkeit zu, denn die Vielfalt und die Individualität ist das wahrhaftig Spannende.

41–80 Punkte: Sie können mit Ihrer emotionalen Intelligenz zufrieden sein, aber Sie können sich durchaus noch steigern. Versuchen Sie, kommunikativer zu werden und auch die Denkweisen oder Handlungen Ihrer Mitmenschen besser einzuordnen. Kommunikation ist ein sehr vielschichtiges und komplexes Thema, das viel Zeit in Anspruch nimmt. Trainieren und erlernen Sie verschiedene Kommunikationsfähigkeiten und seien Sie geduldig mit sich selbst. Versuchen Sie, auch Ihre eigene Kritikfähigkeit zu hinterfragen und selbst fit im Konfliktmanagement zu werden. Wenn Sie lernen, konstruktiv mit Ihren Emotionen umzugehen, werden Sie viele Herausforderungen leichter meistern können.

81-120 Punkte: Herzlichen Glückwunsch, Sie verfügen über eine ausgezeichnete emotionale Intelligenz! Sie können sich selbst sehr gut reflektieren und denken gründlich darüber nach, bevor Sie etwas aussprechen oder tun. Das nehmen auch Ihre Mitmenschen so wahr und wissen Sie als Persönlichkeit sehr zu schätzen. Ihr Rat ist häufig und gern gefragt. Aus eigenen Fehlern resultiert bei Ihnen keine Resignation, sondern Sie ziehen wertvolle und lehrreiche Schlussfolgerungen für Ihre Zukunft. Sie verfügen über eine gefestigte Persönlichkeit und ruhen in sich. Machen Sie weiter so!

4. Wissenschaftliche Psychologie vs. Laienpsychologie

Die **wissenschaftliche Psychologie** ist ein Teilgebiet der Fachdisziplin „Psychologie“: Sie beruht vorrangig auf wissenschaftlichen Erkenntnissen und stützt sich in erster Linie auf medizinische Untersuchungen. Über die Magnet-Resonanz-Therapie (MRT) können beispielsweise Erkenntnisse darüber gewonnen werden, welches Gehirnareal an welchen Fühl- und Denkprozessen beteiligt ist. Ebenso kann durch ein solches bildgebendes Verfahren ermittelt werden, welche Bereiche im Gehirn bei bestimmten Verhaltensmustern aktiv sind.

Die wissenschaftliche Psychologie bemüht sich also darum, alle menschlichen Vorgänge anhand wissenschaftlicher Methoden zu erklären (vgl. Gerrig u. a., 2018, S. 22 f.). Im Gegensatz zur wissenschaftlichen Psychologie gibt es auch noch die **Alltagspsychologie**, die auch als **Laienpsychologie** bezeichnet wird. Sie basiert nicht auf wissenschaftlich fundierten Erkenntnissen, sondern vielmehr auf Mythen und allgemeinen Annahmen, die sich bis zum heutigen Tag durchgesetzt haben. Diese Alltagspsychologie ist entstanden, indem sich bestimmte Behauptungen und Annahmen immer weiter verbreitet haben. Von Menschen werden solche Behauptungen einfach als Wahrheit akzeptiert. Gleichzeitig verstärken sich allgemeingültige Annahmen ohne wissenschaftliche Beweise bei den Personen, die Erfahrungen in ihrem Leben machen, welche diese Annahmen bestätigen.

Der maßgebliche Unterschied zwischen der wissenschaftlichen sowie der Laienpsychologie liegt vorrangig in der Art, wie Informationen erhoben und schließlich ausgewertet werden. Die Laienpsychologie basiert hauptsächlich auf Zufällen, die aus wissenschaftlicher Sicht kaum belegbar sind. Die scheinbar wahren Aussagen sind also stark von der persönlichen Meinung der jeweiligen Laien geprägt. Der wissenschaftlichen Psychologie liegen hingegen dokumentierte und genau erforschte Ereignisse und Resultate zugrunde. In dieser Teildisziplin der Psychologie wird also äußerst objektiv vorgegangen. Die wissenschaftliche Psychologie verfolgt das Ziel, wahre Gegebenheiten aufzudecken und den Menschen dabei zu unterstützen, seine eigene Psyche besser zu verstehen. Die Laienpsychologie bezweckt hingegen, dass sich der Mensch in seinem Lebensalltag unkompliziert und rasch zurechtfindet. Diese Alltagspsychologie ist nicht automatisch negativ, dennoch sollten die verschiedenen Annahmen und Behauptungen aufmerksam hinterfragt werden (vgl. Gerrig u. a., 2018, S. 48).

5. Gebiete der Psychologie (Grundlagen, Anwendung, Methoden)

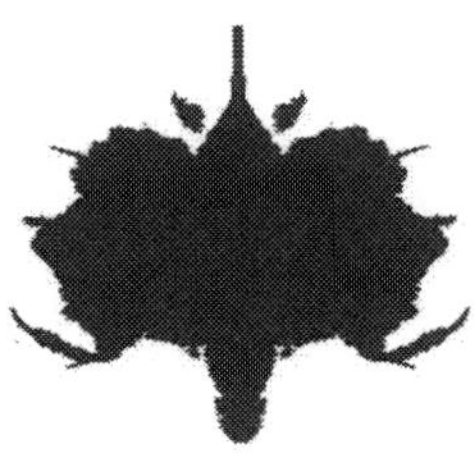

Innerhalb der Psychologie gibt es eine Unterscheidung, nämlich zwischen Grundlagen, Anwendungsfächern sowie Methoden.

Grundlagen: Hierzu gehört zum einen die **biologische Psychologie**: Im Fokus stehen die körperlichen Funktionen, die eine unmittelbare Auswirkung auf das Erleben sowie auf das Verhalten eines Menschen haben. Zur biologischen Psychologie gehört beispielsweise die Genetik, die Anatomie, die Physiologie aber auch Erkenntnisse über neuronale Prozesse.

Auch die **Sozialpsychologie** zählt zu den Grundlagenfächern. Sie beschäftigt sich mit Prozessen, die zwischen sozialen Gruppen stattfinden und das Erleben sowie das Verhalten von Menschen beeinflussen. Im Vordergrund stehen hier Rollen- oder Gruppenprozesse.

Ebenso gehört die **Entwicklungspsychologie** in diesen Bereich. Hier geht es darum, zu ermitteln, wie sich das menschliche Verhalten und Erleben im Laufe des Lebens verändert. Wie werden Fähigkeiten und Funktionen erworben? Welche Entwicklungsprozesse durchläuft ein Mensch? Auf diese und ähnliche Fragestellungen gibt die Entwicklungspsychologie Antworten.

Auch die **allgemeine Psychologie** wird zu den Grundlagenfächern gezählt. Hier geht es um die Erforschung allgemeingültiger Gesetzmäßigkeiten in den verschiedenen psychischen Bereichen: Hierzu gehören die Bereiche Wissen, Gedächtnis und Denken, Wahrnehmung, Problemlösen, Sprache sowie Sprachverständnis. Auch die Bereiche Lernen, Motivation, Handlungssteuerung und Emotion gehören zur allgemeinen Psychologie.

Ebenfalls zu den Grundlagen gehören die **Persönlichkeitsforschung** sowie die **differenzielle Psychologie**. Hier werden die individuellen Unterschiede zwischen einzelnen Personen in grundlegenden psychologischen Eigenschaften behandelt, so beispielsweise in der Personenwahrnehmung oder der Intelligenz.

Anwendungsfächer:

Die **pädagogische Psychologie** befasst sich mit den Gesetzmäßigkeiten des Lernens sowie mit den unterschiedlichen Bedingungen von Weiterbildungs- und Erziehungsprozessen. Es geht darum diese zu erforschen und zu optimieren. Hierzu gehören das Verhalten in der Schule oder im Unterricht, die Erziehungsberatung sowie Grundlagen des Lernens.

Neuropsychologie und klinische Psychologie:

Hier geht es um die Untersuchung der sozialen, verhaltens- und entwicklungsbezogenen, biologischen, kognitiven sowie emotionalen Grundlagen von psychischen Störungen wie beispielsweise Depressionen, Schizophrenie sowie Angststörungen. Ebenso wird in diesem Anwendungsfach untersucht, welche möglichen Auswirkungen bestimmte Erkrankungen oder psychische Störungen auf das Verhalten und das Erleben des Menschen haben. So geht es zum Beispiel um die Fragestellung, ob neurologische Störungen zu Persönlichkeitsveränderungen führen können.

Organisations- und Arbeitspsychologie:
Dieses Anwendungsfach der Psychologie befasst sich mit der Gestaltung sowie Bewertung von Arbeitstätigkeiten wie beispielsweise die Gesundheitsförderung im Betrieb. Zudem wird hier untersucht, wie sich das Verhalten und Erleben von Menschen in Organisationen, Krankenhäuser und Firmen verändert. Relevant sind auch die Zustände und Bedingungen, die diese Verhaltensänderungen beeinflussen wie zum Beispiel Mitarbeiterzufriedenheit oder Arbeitsmotivation.

Methoden:
Die psychologische Diagnostik beinhaltet das systematische Sammeln und Auswerten von Informationen über Gruppen, Personen, Situationen und Institutionen. Hierfür werden folgende Methoden genutzt:

- **Beobachtung (Selbst- und Fremdbeobachtung, Verhaltensbeobachtung)**
- **Experimente**
- **Tests**
- **Fragebogen und Interviews.**

Diese Methoden verfolgen das Ziel diagnostische Entscheidungen treffen zu können, so beispielsweise über die Art einer Störung oder Erkrankung. Auf Basis der gewonnen Informationen können konkrete Handlungsempfehlungen wie zum Beispiel Coaching oder Psychotherapie gegeben werden.

6. Strömungen der Psychologie (Behaviorismus, Kognitivismus, Konstruktivismus)

Weshalb handeln wir so, wie wir es letztendlich tun? Warum empfinden wir Gefühle des Schmerzes, der Aggression oder der Angst? Die Psychologie, die sich im 19. Jahrhundert aus der Philosophie heraus als eine eigene Wissenschaft entwickelte, geht genau solchen Fragestellungen auf den Grund. Mit der Zeit entwickelten sich unterschiedliche Strömungen der Psychologie. Ich möchte Ihnen hier den Behaviorismus, den Kognitivismus sowie den Konstruktivismus einmal näher vorstellen. Der **Behaviorismus** ist eine Verhaltenspsychologie, die auf individuellen Lernprozessen beruht. Verhaltensreaktionen werden mit bestimmten Reizen verbunden: In diesem Zusammenhang wird von der Konditionierung gesprochen. Für die Vertreter dieser psychologischen Strömung galten geistige Prozesse als nicht beobachtbar und wurden aus diesem Grund zurückgewiesen. All diese Vorgänge wurden von den Behavioristen also gar nicht wahrgenommen, denn sie galten als wissenschaftlich nicht erfassbar. *Behavior* bedeutet übersetzt „Verhalten“: Aus der Sicht dieser psychologischen Strömung ist der Mensch ein Produkt der Umwelt. Er kommt völlig „rein“ auf die Welt, vergleichbar mit einem leeren Blatt

Papier (Tabula rasa). Somit ist kein menschliches Verhalten angeboren, sondern wird durch Erfahrungen mit der Umwelt erlernt. John B. Watson gilt als Begründer des Behaviorismus. In dieser Grundströmung werden keinerlei Annahmen über die Funktionsweise oder die Struktur des menschlichen Geistes gemacht. Der zentrale Forschungsgegenstand ist hier also immer das menschlich beobachtbare Verhalten und nicht das Bewusstsein. Der menschliche Organismus wird im Behaviorismus als eine Black-Box gesehen: Hierbei handelt es sich um eine Art „schwarzer Kasten", der es unmöglich macht, innerseelische Vorgänge von außen zu beobachten. Ein Umweltstimulus führt in diese Blackbox (Input) und eine menschliche Verhaltensreaktion ist das Resultat (Output). Die Zwischenschritte im menschlichen Gehirn, die zwischen dem In- und dem Output liegen, bleiben jedoch im Verborgenen. **Grundsätzlich wird die behavioristische Grundströmung in zwei Unterkategorien unterteilt:**

1. Klassische Konditionierung (Signallernen)
2. Operante Konditionierung (Reiz-Reaktions-Lernen).

Die wichtigsten Vertreter der klassischen Konditionierung waren die Psychologen I. P. Pawlow sowie J. B. Watson. Die prominentesten Vertreter der operanten Konditionierung sind E. L. Thorndike und B. F. Skinner. Durch seine Forschungen prägte Skinner die operante Konditionierung und schuf eine klare Abgrenzung zur klassischen Konditionierung. Bei der klassischen Konditionierung existiert eine feste Abfolge von Reiz und Verhaltensreaktion. Im Unterschied hierzu wird im Rahmen der operanten Konditionierung ein spontanes Verhalten durch eine sofort folgende Konsequenz gefördert oder vermindert.

Im **Kognitivismus** geht es in erster Linie um das Erkennen und um das Verstehen. Gemäß der **kognitiven Psychologie** wird der Lernprozess durch bestimmte Zustände beeinflusst, denn bei jeder Interaktion zwischen dem Menschen und seiner Umwelt findet ein stetiger Informationsaustausch statt.

Dieses Teilgebiet der Psychologie beschäftigt sich also mit den kognitiven menschlichen Funktionen und den innerpsychischen Prozessen – also im Grunde genau das, was der Behaviorismus ausklammert. Hier wird das Verhalten des Menschen somit nicht durch äußere Umweltbedingungen erklärt, sondern über kognitive Prozesse. Von Bedeutung sind also die „inneren" Prozesse der Informationsaufnahme, der Verarbeitung, des Verstehens sowie des Erinnerns. Eine zentrale Annahme im Kognitivismus ist die **Maschinen-Metapher**: Demnach wird der Mensch als eine biologische Maschine angesehen, die in der Lage ist, Informationen aufzunehmen, zu verarbeiten, abzuspeichern und letztendlich anzuwenden. Im Sinne dieser Bildmetapher ist also das Ziel des Kognitivismus, diese Gesetzmäßigkeiten gründlich zu erforschen.

Anders ausgedrückt beschäftigt sich diese psychologische Grundströmung mit folgenden Prozessen, die im Gehirn des Menschen ablaufen:

- Aufmerksamkeit
- Wahrnehmungsprozesse
- Entscheidungsprozesse
- Sprache
- Problemlösen

(vgl. Gerrig u. a., 2018, S. 285).

Der **Konstruktivismus** ist eine weitere bedeutende Grundströmung in der Psychologie. Demnach ist Lernen ein aktiver Konstruktionsprozess, in dem jeder Mensch seine eigene individuelle Repräsentation der Welt schafft. Was eine Person also konkret erlernt, hängt zum einen vom individuellen Vorwissen und zum anderen von der konkreten Lebenssituation ab. Bezüglich des Lernaspektes wird der Konstruktivismus als ein Teilbereich des Kognitivismus verstanden, denn diese beiden psychologischen Grundströmungen haben zunächst einmal eine ähnliche Struktur: Sie beschäftigen sich beide mit der Informationsverarbeitung durch den Menschen, die im Behaviorismus in der Black-Box verborgen ist. Beim Konstruktivismus steht jedoch besonders der Aspekt der Individualität im Vordergrund: Die individuelle Wahrnehmung, Interpretation sowie die individuelle Konstruktion. Das heißt, dass jedes menschliche Individuum sein subjektives und individuelles Weltbild konstruiert. Diese eigenen

Konstruktionen beeinflussen wiederum die Bewertung von Situationen und Geschehnissen. Demnach gibt es keine allgemeingültige Wirklichkeit, sondern eine subjektive! Die zentrale Annahme dieser psychologischen Grundströmung besteht darin, dass Menschen nicht automatisch auf Umweltreize reagieren, sondern anhand der eigenen Sinneseindrücke eine individuelle Realität erzeugen. Anders formuliert bedeutet das, dass Wissen nicht von einem Menschen auf den anderen übertragen werden kann, sondern von jeder Person neu konstruiert wird. Sehr gut lässt sich das mit dem Beispiel des Lehrers und des Schülers verdeutlichen: Ein Lehrer, der seinem Schüler ein spezifisches Wissen vermittelt, erreicht dadurch nicht, dass der Schüler diese Informationen automatisch abspeichert. Vielmehr konstruiert sich der Lernende aufgrund der gewonnenen Informationen sein eigenes Abbild der Realität, das abhängig ist von seinem Vorwissen, von den individuellen Einstellungen sowie von der vorhandenen Lernsituation.

Einer der wichtigsten Hauptvertreter dieser Grundströmung war Jean Piaget, dessen Erkenntnisse durch die moderne Hirnforschung der vergangenen Jahre bestätigt werden konnten (vgl. Gerrig u. a., 2018, S. 199).

7. Physiologische Psychologie

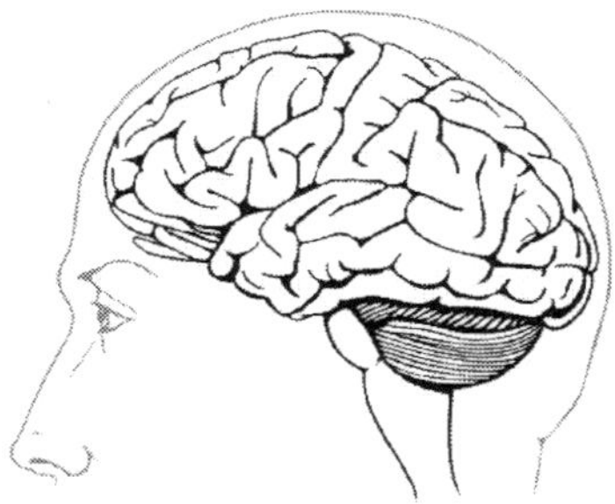

Dieser Teilbereich der Psychologie befasst sich mit den Zusammenhängen zwischen dem menschlichen Gehirn sowie dem Verhalten von Menschen und Tieren.

Das Gehirn des Menschen besteht aus Milliarden Nervenzellen und Synapsen, die Verbindungen zwischen den einzelnen Hirnzellen herstellen. Auf diese Weise funktioniert die Nachrichtenverarbeitung. Über bestimmte Hormone oder als elektrische Impulse aus den Sinneszellen gelangen die Informationen aus der Umwelt ins Gehirn und werden dort verarbeitet. Infolgedessen sendet das Hirn Signale aus und steuert auf diese Weise die Sinnesorgane sowie die Muskulatur.

Die fünf zentralen Gehirnabschnitte sind:

1. **Großhirn**
2. **Kleinhirn**
3. **Mittelhirn**

4. **Zwischenhirn**
5. **Nachhirn**

Das Gehirn des Menschen erfüllt unverzichtbare Vitalfunktionen wie zum Beispiel die Regulierung der Herzfrequenz, der Atmung oder auch des Blutdrucks. Auch der Lusttrieb und der Schlafrhythmus sind vom Hirn vorgegeben. Das Kleinhirn speichert vor allem Bewegungen ab, während das Großhirn für die Sprache, das logische Denken, die Orientierung sowie den Kreativitätssinn zuständig ist. Das Bewusstsein, die Fähigkeit zu denken, zu lernen und zu sprechen, sowie das Gedächtnis liegen in der Hirnrinde.

8. Psychosomatik

Die **Psychosomatik** ist ebenfalls ein Teilbereich der Psychologie, der sich vor allem mit körperlichen Beschwerden befasst, die eine Konsequenz eines seelischen Leidensdruckes sind. Es geht hier also vor allem um ungeklärte physische Beschwerden, denen eine psychische Belastung zugrunde liegt. Die Psychosomatik betrachtet demnach die Wechselwirkung zwischen dem Körper (Soma) und der menschlichen Seele (Psyche). Körper, Geist und Seele werden somit als eine Einheit betrachtet, die sich wechselwirkend gegenseitig beeinflusst. Da biologische und psychische Faktoren sich gegenseitig beeinflussen, kann weder der Körper

noch die Seele isoliert betrachtet werden. Zu diesen **somatoformen Störungen** gehören beispielsweise Panikattacken, Ängste, Essstörungen, Magen-Darm-Beschwerden oder sonstige funktionelle Störungen, für die keine konkreten physischen Ursachen identifiziert werden können. Auch Kopfschmerzen und eine erhöhte Infektanfälligkeit können unter Umständen psychosomatisch sein.
Die Psychosomatik ist also ein Grenzbereich zwischen der Psychologie, der Psychotherapie sowie der Medizin (vgl. Stangl, 2019).

9. Wahrnehmungspsychologie

Unser menschliches Gehirn ermöglicht uns die verschiedensten Erfahrungen: Die Wahrnehmung von leuchtenden Farben in einem Bild, fröhliche Melodien, der einzigartige Geschmack einer Frucht oder der unverwechselbare Duft einer Rose.
Die menschliche Erfahrung dieser Welt stützt sich maßgeblich auf die Vorgänge der Wahrnehmungsprozesse. Der psychologische Begriff der Wahrnehmung schließt hierbei alle Prozesse ein, die beim Wahrnehmen von Ereignissen und Objekten aus unserem Umfeld eine Rolle spielen. Es handelt sich hier also um einen sehr komplexen Vorgang der Informationsgewinnung, indem bestimmte Reize verarbeitet werden. Diese Verarbeitung von

Sinneseindrücken und Reizen erfolgt subjektiv, denn jeder Mensch nimmt die Dinge aufgrund seiner individuellen Erfahrungen und vorherigen Lernprozesse auf eine ganz individuelle Art und Weise wahr. Bei der Wahrnehmung werden also Eindrücke aus der Umwelt wahrgenommen und im Gehirn verarbeitet. Daraus ergeben sich Denkprozesse, auf denen das weitere Handeln aufbaut. Im Umkehrschluss heißt das: Alle unsere Handlungen basieren darauf, wie wir Dinge oder Menschen aus unserer Umgebung wahrnehmen. Die Wahrnehmungsprozesse dienen zum einen der Sinnesfreude und zum anderen dem Überleben. So wird der Mensch in Gefahrensituationen gewarnt und kann sich auf ein schnelles Handeln vorbereiten. Die Sinnesfreude hingegen beinhaltet den Genuss von Erfahrungen, die unsere Sinne ansprechen, das heißt, Schmecken, Sehen, Berühren, Hören oder Riechen.

<u>Der menschliche Wahrnehmungsprozess kann in drei Stufen unterteilt werden:</u>

Sensorische Prozesse

Durch Stimulation der Rezeptoren unserer Sinne werden neue neuronale Impulse erzeugt.
Diese Strukturen – beispielsweise in den Augen – leiten die Informationen an bestimmte Gehirnzellen weiter, damit eine Auswertung erfolgen kann.

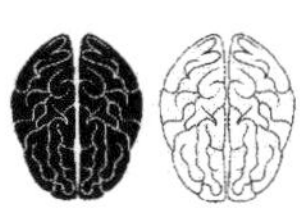

Perzeptuelle Organisation

Hier fügt das menschliche Gehirn die eintreffenden Informationen zusammen mit bereits vorhandenem Wissen. Auf diese Weise kann der jeweilige Reiz also interpretiert werden. Das Ergebnis der perzeptuellen Organisation wird als Perzept bezeichnet. Beim Beispiel des Sehens wäre es so, dass Schätzungen abgeliefert werden, wie groß ein bestimmtes Objekt sein kann, welche Form es hat oder in welcher Entfernung es sich befindet. Diese kognitiven Prozesse laufen sekundenschnell und äußerst effizient ab. Sie werden in der Regel gar nicht bewusst wahrgenommen.

Identifikation von Objekten

Der Identifikationsprozess verleiht den Perzepten eine klare Bedeutung. Hier geht es um die konkrete Identifikation, also zum Beispiel: Was ist das genau für ein Objekt? Zum anderen geht es um die Wiedererkennung, so beispielsweise: Das Objekt ist rund. Das Objekt ist weiblich oder männlich (vgl. Gerrig u. a., 2018, S. 128).

Wahrnehmungstheorie

Die Wahrnehmungstheorie besagt, dass Menschen Umweltreize bewusst oder auch unbewusst mithilfe der Sinnesorgane aufnehmen. Diese Informationen werden an das Hirn weitergeleitet und dort weiterverarbeitet. Einige Stimuli werden in der Wahrnehmung bevorzugt, andere fallen hingegen gar nicht oder erst sehr spät auf. Gleichzeitig muss das Gehirn die Flut der Sinneseindrücke, also der Wahrnehmungen filtern und sich auf das Wesentliche fokussieren. Somit entgehen uns Menschen jedoch auch zahlreiche Reize. Das zeigt im Endeffekt, dass die menschliche Wahrnehmung beschränkt ist.

Die aufgenommenen Reize und Eindrücke werden im Hirn mit bereits abgespeicherten Informationen abgeglichen und ausgewertet. Infolgedessen entsteht für uns eine ganz eigene Realität: Das heißt, dass Menschen das, was sie riechen, sehen, hören oder schmecken als ihre subjektive Realität wahrnehmen. Durch Kombination früherer Lebenserfahrungen und Vorstellungen wird in der Fantasie ein ganz individuelles Bild kreiert. Die menschliche Wahrnehmung ist somit subjektiv und individuell. Geht es um die Wahrnehmung von Gegenständen, so fallen individuelle Einschätzungen nicht wirklich auf. Bei der Wahrnehmung von Situationen oder anderen Personen sind die individuellen Unterschiede hingegen deutlicher: Ist ein Mensch für jemanden sympathisch oder attraktiv, so kann derselbe Mensch auf eine andere Person unsympathisch wirken. Wahrnehmung ist also sehr unterschiedlich, daher ist es wichtig messbare Skalen zu haben und einen gemeinsamen Nenner zu finden. Aus diesem Grund gibt es einheitliche Normen, Maßeinheiten, Temperaturen usw. Wäre das nicht so, würde es in vielen zwischenmenschlichen Situationen, aber vor allem auch im beruflichen Alltag ein Chaos geben. Für wichtige Entscheidungen wie zum Beispiel Kündigungen oder die Einstellung neuer Mitarbeiter muss es sachliche Kriterien geben. Hier sollten individuelle Wahrnehmungen, Emotionen und Präferenzen keine wirkliche Rolle spielen. Die Kreativität ist eng mit der Wahrnehmung verbunden. Je intelligenter und kreativer ein Mensch ist, desto umfangreicher sind auch seine Vorstellungen und somit die Abweichung von der Wahrnehmung anderer Menschen. Auch das Unterbewusstsein des Menschen spielt in puncto Wahrnehmung eine zentrale Rolle. Bei allen visuellen Wahrnehmungen, aber ebenso bei all unseren Entscheidungen und Erwartungen nimmt der Verstand nur selten die übergeordnete Rolle ein. Millionen Informationen verarbeitet unser Gehirn jeden Tag, doch nur ein Bruchteil davon wird bewusst wahrgenommen. Zahlreiche Denk- und Wahrnehmungsprozesse laufen unbewusst ab, nämlich rund 80 Prozent (vgl. Gerrig u. a., 2018, S. 141 f.). Die richtige Interpretation unserer Wahrnehmungen ist von zentraler Bedeutung, denn die individuellen Schlussfolgerungen entscheiden über das weitere Handeln. Je präziser die menschliche Wahrnehmung also ist, desto fester ist das Fundament für erfolgreiches und richtiges Handeln. Umgekehrt würde eine verzerrte, einseitige oder unvollständige Wahrnehmung zu einem falschen Handeln führen. Ein zentraler Bestandteil der Wahrnehmungstheorie ist auch das Selbstbild und das Fremdbild. Hier geht es darum, wie wir uns selbst wahrnehmen und wie uns außenstehende Personen sehen. Die Vorstellung über das eigene Ich wird in der Psychologie als Selbstbild bezeichnet. Die Selbstwahrnehmung eines Menschen orientiert zu einem großen Teil an Wunsch- und Idealbildern, also dem, was wir gerne sein würden. Die Fremdwahrnehmung ist hingegen das Bild, das andere Menschen von uns haben. Dieses entsteht aus Bewertungen, Emotionen und den individuellen Wahrnehmungen unserer Mitmenschen. Die Selbst- sowie die Fremdwahrnehmung sind nie komplett deckungsgleich, dennoch sollte es keine zu starke Abweichung voneinander geben. Sind die beiden Wahrnehmungen doch signifikant unterschiedlich, so wird in der Psychologie von einer Selbstbild-Fremdbild-Inkongruenz gesprochen (vgl. Gerrig u. a., 2018, S. 141 f.).

Gestaltpsychologie

Es gibt im Grunde keine eindeutige wissenschaftliche Definition der Gestaltpsychologie. Vielmehr handelt es sich hierbei um einen Aspekt der Wahrnehmungslehre. Die Gestaltpsychologie besagt, dass Objekte unserer Umgebung von der menschlichen Wahrnehmung nicht so abgebildet werden, wie sie objektiv zu betrachten wären. Sie werden vielmehr vorstrukturiert und so dem Gehirn zur weiteren Begutachtung und Interpretation vorgelegt. Einfacher könnte man das folgendermaßen ausdrücken: Die Gestaltpsychologie beschäftigt sich mit damit, wie eine Person etwas erlebt und wahrnimmt. Die Anfänge dieser Wahrnehmungslehre reichen bis in das 19. Jahrhundert zurück. Tatsächlich wurde die Forschungsdisziplin „Gestaltpsychologie" erst am Anfang des 20. Jahrhunderts begründet, nämlich von Max Wertheimer. Es entstanden verschiedene Institute, die verschiedene Grundannahmen vertraten: In diesem Zusammenhang ist von der sogenannten Berliner Schule, der Leipziger Schule, der Würzburger Schule sowie der Österreichischen oder Grazer Schule die Rede. Die heutige Gestaltpsychologie basiert hingegen auf der Berliner Schule und ihren Grundannahmen. Die Haupterkenntnis ist, dass das gesamte Leben einer Person den Hintergrund für die Emotionen, Sichtweisen, Wahrnehmungen und Entscheidungen bildet. All diese persönlichen Erinnerungen und Lebenserfahrungen bilden ein komplexes Gebilde, in dem sich das entwickelt, was für die jeweilige Person von Bedeutung ist (vgl. Gerrig u. a., 2018, S. 130).

Sinneswahrnehmung

Der überwiegende Teil der Eindrücke und Informationen um uns herum wird über die Augen wahrgenommen. Dieses Sinnesorgan hilft dem Menschen bei der Orientierung sowie bei der Kontaktaufnahme mit anderen Mitmenschen. Damit Augen Eindrücke wahrnehmen können, müssen Lichtstrahlen auf die Retina, die Netzhaut, treffen: Diese werden schließlich in Nervenimpulse umgewandelt und an das Gehirn geschickt. Spezielle Sehfarbstoffe, die sich in den sogenannten Fotorezeptoren befinden, regeln diesen Vorgang. Über 130 Millionen solcher Rezeptoren besitzt das Auge des Menschen. Rund sieben Millionen dieser Fotorezeptoren sind die sogenannten Stäbchen, auch als „Zapfen" bezeichnet: Von diesen gibt es drei verschiedene Arten, nämlich die Grün-, Rot- und Blaurezeptoren. Diese Stäbchen sind dafür verantwortlich, dass der Mensch Farben wahrnehmen kann (vgl. Gerrig u. a., 2018, S. 121 f.). Zur Sinneswahrnehmung des Menschen gehören auch die Ohren, mit denen Unterschiede wahrgenommen werden können, die das menschliche Auge niemals schaffen würde. Die Bandbreite der wahrgenommenen Informationen überragt das Auge also deutlich.

Auch der Geschmackssinn gehört zur menschlichen Sinneswahrnehmung. Vier unterschiedliche Geschmacksrichtungen kann der Mensch unterscheiden, nämlich süß, sauer, bitter und salzig. Alle anderen geschmacklichen Wahrnehmungen sind das Resultat eines komplexen Zusammenspiels verschiedener Sinne. Ebenso die Nase ist von zentraler Bedeutung, wenn es um die Wahrnehmung verschiedener Eindrücke und Informationen geht, denn mit diesem Sinnesorgan lassen sich zahlreiche Gerüche voneinander unterscheiden. Im Rahmen der Wahrnehmung ist auch der Fühl-

und Tastsinn von sehr großer Wichtigkeit. Die Haut ist mit einem Gesamtgewicht von bis zu zehn Kilogramm und einer Größe von rund zwei Quadratmetern das größte Organ. Sie grenzt das Innenleben des Menschen vom Außenleben ab. Die Haut kann sogar zu einem Spiegel der menschlichen Psyche werden, so beispielsweise, wenn jemand im wahrsten Sinne des Wortes vor Neid erblasst oder vor Scham errötet. Unsere Emotionen sind eng mit der Haut verbunden. Anhand spezieller Messungen lassen sich sogar elektrische Hautleitwerte aufzeigen (vgl. Oerter u.a., 2002, S. 127 f.)

Figur-Grund-Wahrnehmung

Dieser Fachbegriff der „Figur-Grund-Wahrnehmung" leitet sich ursprünglich von der Sinneswahrnehmung ab. Es ist ein allgemeines psychologisches Wahrnehmungsprinzip, das insbesondere im Rahmen der Bildwahrnehmung untersucht wurde. Das Wahrnehmungsfeld ist hier genau gegliedert: Es gibt einen fokussierten Bereich, der als „Figur" bezeichnet wird und einen Hintergrund (Grund). Aus den unterschiedlichen Sinneseindrücken und Reizen filtert das Gehirn die Information heraus, die zum gegenwärtigen Zeitpunkt die höchste Relevanz hat: Diese rückt dann in den Vordergrund und wird zur „Figur". Hier geht es also um eine differenzierte und bewusste Wahrnehmung, die eine bestimmte Figur in das Zentrum der Aufmerksamkeit rückt. Die anderen Bestandteile des Bildes, die als eher unwichtig erachtet

werden, rücken in den Hintergrund und werden zum „Grund“ (vgl. Oerter u.a., 2002, S. 363 f.)
Bei der Figur-Grund-Wahrnehmung wird die Aufmerksamkeit selektiv gelenkt. Um diesen Unterscheidungsprozess überhaupt lenken zu können, muss der Mensch in der Lage sein, Wichtiges von Unwichtigem zu unterscheiden und Informationen gezielt herauszufiltern. Kann ein Mensch die Fülle der Sinneseindrücke nicht richtig filtern und einordnen, so wird er aus allen Sinneskanälen mit unterschiedlichsten Reizen überschwemmt. **Beispiel „Rubinscher Becher“ von Wellhöfer (1990)**: Der sogenannte „Rubinsche Becher“ (auch bekannt als Rubin´sche Vase) ist im Grunde eine Illusion, also eine Täuschung der visuellen Wahrnehmung. Die beiden Bildflächen sind in schwarzer sowie in weißer Farbe gehalten. In diesem Bild kann der Betrachter anhand der Konturen und Farben entweder eine Vase oder zwei Gesichtsprofile erkennen. Die Wahrnehmung wird also entweder auf die weiß gefärbte Vase in der Bildmitte oder auf die schwarz gefärbten, einander gegenüberliegenden Gesichter gerichtet. Es ist nicht möglich, beide Bilder gleichzeitig wahrzunehmen.

(Wellhöfer, 1990).

10. Persönlichkeitspsychologie

Die Persönlichkeitspsychologie ist eine Teildisziplin, die sich mit den unterschiedlichen menschlichen Merkmalen beschäftigt wie beispielsweise das eigene Erleben und die individuellen Verhaltensweisen. Hier geht es wesentlich darum, welche Persönlichkeitsmerkmale eine bestimmte Bevölkerungsgruppe „normalerweise" hat, die einer bestimmten Kultur sowie einer gleichen Altersspanne angehört (vgl. Neyer u.a., 2007, S. 15). Die Persönlichkeitspsychologie kommt häufig im Berufsalltag sowie in der kriminalistischen Profilerstellung zum Einsatz.

Im beruflichen Kontext liefert diese Teildisziplin der Psychologie hilfreiche Informationen, beispielsweise wenn es um die Einstellung neuer Mitarbeiter geht. Auch Führungskräfte werden häufig in diesem Bereich gezielt geschult und müssen Kenntnisse der Persönlichkeitspsychologie erwerben. Nach dem bekannten Psychologen Asendorpf ist von einer Persönlichkeitsentwicklung die Rede, wenn sich die persönlichen Eigenschaften einer Person maßgeblich verändern. Er definiert als Persönlichkeit die Summe aller individuellen Eigenschaften und Merkmale eines Menschen: Hierzu gehören auch die Verhaltensweisen sowie das eigene Erleben. Seine Persönlichkeit weiterzuentwickeln bedeutet, Veränderungen vorzunehmen und am eigenen Charakter zu arbeiten. Im Rahmen der Persönlichkeitspsychologie ist das ein wesentliches Ziel, das verfolgt werden muss, doch Persönlichkeitsveränderungen können im Verlauf des Lebens auch unabsichtlich und unbewusst vonstattengehen. Der Mensch befindet sich lebenslang in einem Entwicklungsprozess. Die persönliche Entwicklung hört also nicht automatisch im Erwachsenenalter auf. Selbst wenn im Alter bestimmte Abbauprozesse beginnen, so geht die wissenschaftliche Psychologie doch davon aus, dass sich der Mensch nicht nur im Kindesalter, sondern das gesamte Leben über entwickelt (vgl. Brandstädter u.a., 2007, S. 5 f.). Aus diesem Grund ist jeder Mensch dazu in der Lage, sich zu verändern, weiterzuentwickeln und zu einer starken Persönlichkeit zu werden. Eine weitere Teildisziplin, die sich eng mit der Persönlichkeitspsychologie überschneidet, ist die Entwicklungspsychologie. In diesem Teilbereich der Psychologie geht es vordergründig um die individuelle Entwicklung des Menschen. Es ist von zentraler Bedeutung, jeden einzelnen Menschen als eine eigene Persönlichkeit zu betrachten und seine Entwicklungsprozesse zu fördern, denn jeder Mensch ist ein Individuum.

Das Big-Five-Persönlichkeitsmodell

Mit Sicherheit haben auch Sie schon einmal von dem „Big Five“ gehört, doch was steckt eigentlich konkret dahinter?

Dieses Modell beschreibt die Persönlichkeit einer Person mit fünf verschiedenen Adjektiven:

1. **Offenheit**
2. **Gewissenhaftigkeit**
3. **Extraversion**
4. **Verträglichkeit**
5. **Neurotizismus.**

Das BIG-Five-Modell gilt als wissenschaftlich anerkannt. Jeder Mensch hat unterschiedliche Ausprägungen und Eigenschaften und weist somit einen individuellen Charakter auf. Nimmt man nun die Anfangsbuchstaben dieser Persönlichkeitseigenschaften, so ergibt sich das englischsprachige Wort „Ocean“: Das ist eine ausgezeichnete Merkhilfe.

Der Psychologie Asendorpf beschreibt diese Persönlichkeitsmerkmale tiefergehender:

Offenheit

Ist eine Person offen, wissbegierig und kreativ? Möchte sie neue Erfahrungen sammeln? Menschen, die über diese Persönlichkeitseigenschaft verfügen, sind häufig intelligent und weisen einen höheren Bildungsstatus vor.

Gewissenhaftigkeit

Gewissenhafte Personen legen häufig einen gesteigerten Wert auf Genauigkeit und kleinste

Details. Sie sind sehr ordentlich, verlässlich und sicher in dem, was sie tun.

Extraversion

Mit dieser Persönlichkeitseigenschaft ist eine Hemmungslosigkeit, eine Aktivität gemeint. Solche Menschen sind kontaktfreudig und sehr gesellig.

Verträglichkeit

Zur Verträglichkeit werden Eigenschaften wie Hilfsbereitschaft und Freundlichkeit gezählt. Diese Personen verhalten sich ihren Mitmenschen gegenüber sehr zuvorkommend, liebevoll und hilfsbereit.

Neurotizismus

Solche Personen sind innerlich unruhig und ängstlich. Im Vergleich mit anderen Persönlichkeitstypen sind diese Menschen häufig sehr launisch (vgl. Brandstädter u.a., 2007, S. 84).

Big-Five Selbsttest: Welche Persönlichkeit habe ich?

Grundsätzlich lassen sich diese fünf Faktoren der menschlichen Persönlichkeit nicht in „gute" und „schlechte" Eigenschaften einteilen. Es gibt auch kein richtig oder falsch! Diese Merkmale führen lediglich dazu, dass Menschen eher eine starke oder eine schwache Neigung zu Problemen haben. Das heißt, dass Personen, bei denen einer dieser Persönlichkeitsfaktoren sehr stark ausgeprägt ist, in bestimmten Lebenssituationen eher leichter in Schwierigkeiten geraten können. In diesem Zusammenhang habe ich eine kleine Übung für Sie: Überlegen Sie doch einmal für sich, wie stark ausgeprägt die fünf genannten

Persönlichkeitsmerkmale bei Ihnen selbst sind! Machen Sie den Selbsttest und befragen Sie auch Ihre Familienangehörigen und Freunde: Welches Merkmal ist laut ihrer Meinung am deutlichsten bei Ihnen ausgeprägt? Häufig können enge Vertraute aus dem persönlichen Umfeld eine viel realistischere Einschätzung abgeben, als man selbst das kann.

Halten Sie Ihre Ergebnisse und Rückmeldungen gerne schriftlich fest:

Offenheit

____

Gewissenhaftigkeit

____

Extraversion

____

Verträglichkeit

____

Neurotizismus

____

Sehr viele Führungskräfte und Personaler verwenden im Übrigen das Big-Five-Modell, wenn es darum geht, den idealen Mitarbeiter zu finden. *In diesem Zusammenhang möchte Ihnen zur Veranschaulichung noch ein kleines Beispiel mitgeben. Das Persönlichkeitsmerkmal „Verträglichkeit" klingt doch sehr positiv, oder etwa nicht? Ein Mensch, der verträglich und sehr freundlich ist, ist doch eine sehr gerne gesehene Person. Stellen Sie sich nun einmal vor, dass der Chef eines Unternehmens eine ausgesprochen verträgliche und damit wenig durchsetzungsfähige Person ist. Eine solch starke Ausprägung dieses Persönlichkeitsmerkmals kann rasch nach hinten losgehen, denn es könnte dazu führen, dass diesem Chef die Mitarbeiter auf der Nase herumtanzen. Letztendlich könnte es dazu kommen, dass Mitarbeiter den Chef gar nicht mehr ernst nehmen, denn ihm fehlt die Autorität in seiner Position. Ebenso kann es nachteilig sein, wenn ein Chef überhaupt nicht verträglich ist. Eine schwache Ausprägung dieses Persönlichkeitsmerkmals würde zu Streitigkeiten und Problemen führen.*

Wie kann man seinen Charakter (Persönlichkeitsstrukturen) ändern?

Lassen sich Persönlichkeitsstrukturen und der eigene Charakter eigentlich gezielt verändern? Die Antwort auf diese Fragestellung lautet „Ja“. Manche Menschen betreten einen Raum und versprühen eine ganz besondere Aura. Sie strahlen etwas Positives aus, während andere Menschen eher Pessimisten sind und in allem nur die schlechte Seite betrachten. Welche Grundhaltung eine Person hat, ist von vielen verschiedenen Faktoren abhängig. In den meisten Fällen wird der Grundstein hierfür jedoch in der frühen Kindheit gelegt. Negative Lebenserfahrungen oder ein hoher

Erwartungsdruck seitens der Eltern können negative Denkstrukturen und eine solche pessimistische Grundstimmung noch begünstigen. So neigen diese Menschen dazu, im Vorfeld bereits vom Schlimmsten auszugehen: Sie werden quasi auf eine negative Einstellung vorprogrammiert. Selbstzweifel in Kombination mit Pessimismus ergeben eine Abwärtsspirale, die mit fortschreitendem Lebensalter sogar noch schlimmer werden kann. **Die gute Nachricht ist**: Eine solche frühe Programmierung auf ein bestimmtes Grundverhalten müssen Sie nicht einfach hinnehmen! Die Verhaltensforschung und die Psychologie sehen durchaus Möglichkeiten, Optimismus zu trainieren und vorhandene Persönlichkeitsstrukturen aktiv zu verändern. Die menschliche Persönlichkeit ist keine unbewegliche Einheit. Persönlichkeit entsteht mit der Zeit und wird im Laufe des Lebens durch viele äußere Impulse und Erfahrungen geformt. Nichts ist also in Stein gemeißelt! Ein spezifischer Charakterzug ist beispielsweise das Positive Denken. Um diese Charaktereigenschaft zu ändern, sollten Sie Ihr Gehirn mit positiven Erfahrungen füttern.

Das Prinzip dahinter ist im Grunde ganz simpel: Das Gehirn greift zur Bewertung von neuen Situationen auf bereits gespeicherte Informationen zurück. Wer sich hierbei stark an früheren Niederlagen und Misserfolgen orientiert, wird ein Geschehen dementsprechend düster bewerten. Die Vergangenheit lässt sich nicht ändern, daher ist es umso wichtiger, für die

Zukunft positive Erfahrungen zu sammeln. Gewöhnen Sie Ihr Gehirn schrittweise an neue und gute Erfahrungen: Auf diese Weise können Sie Ihre Wahrnehmung verändern. Eine zentrale Rolle spielt in diesem Zusammenhang jedoch auch das Unterbewusstsein. Daher sollten Sie dieses unbedingt in den Lern- und Veränderungsprozess miteinbinden. Das Unterbewusstsein bedient sich keiner Worte, sondern arbeitet vielmehr mit Bildern: Versuchen Sie sich daher bei positiven Erfahrungen ganz bewusst die positiven Bilder einzuprägen. Psychologen und Neurobiologen sind der Meinung, dass die individuellen Charakterzüge einer Person sowie die Emotionen durch einen stetigen Auf- und Umbau im Gehirn beeinflusst werden. Intensive Gefühle und Krisen im Leben motivieren Menschen in besonderer Weise dazu, sich zu verändern (vgl. Brandstädter u.a., 2007, S. 277 f.).

Hinterfragen Sie sich selbst, denn die eigene Selbsterkenntnis ist essenziell wichtig. Fragen Sie sich nach Krisen und Niederlagen, warum eine Situation falsch lief. Welchen Anteil hatten Sie selbst möglicherweise daran? Solche Fragestellungen spornen zu einem Wandel an und helfen Ihnen dabei, Ihren Charakter selbst zu formen. Arbeiten Sie konsequent an sich selbst und geben Sie sich ausreichend Zeit, denn der Wille zur Veränderung ist untrennbar mit einer ordentlichen Portion Geduld verbunden.

Der Charakter ist also keineswegs unabänderlich. Sie können in jedem Lebensalter Persönlichkeitsstrukturen und Eigenschaften verändern, so beispielsweise:

- **Begeisterungsfähigkeit**
- **Humor**
- **Ausdauer**
- **Kreativität**
- **Disziplin**
- **soziale Kompetenzen**
- **innere Stärke**
- **positives Denken.**

Die Veränderung der Persönlichkeitseigenschaften wird mit Sicherheit ein wenig Training erfordern, denn Charakterzüge lassen sich nicht einfach an- und wieder ausschalten wie ein technisches Gerät. Es dauert seine Zeit, bis sich neue Gewohnheiten aufbauen und man das neue Verhalten vollständig verinnerlicht hat. Unerlässlich ist jedoch der Wille zur Veränderung (vgl. Oerter u.a., 2002, S. 543 f.).

Hier möchte ich Ihnen noch einige Tipps mit auf den Weg geben:

- **Seien Sie geduldig und verfallen Sie nicht in Frust, wenn sich Veränderungen mal nicht so rasch einstellen, wie Sie das unter Umständen gewünscht haben.**
- **Versuchen Sie sich im Vorfeld einen genauen Plan zu erstellen: Beginnen Sie damit, kleine Angewohnheiten abzulegen oder immer neue einzuführen.**

- **Gehen Sie schrittweise an Ihr Vorhaben heran. Drastische Veränderungen sind nicht zielführend.**
- **Verändern Sie sich nicht für Menschen aus Ihrem Umfeld, sondern nur für sich selbst.**

11. Entwicklungspsychologie

Die Entwicklungspsychologie befasst sich mit den kognitiven (geistigen), den physischen (körperlichen), emotionalen, sozialen und sprachlichen Veränderungen: Diese Veränderungen ereignen sich von der Empfängnis über das ganze Leben hinweg bis hin zu seinem Tod. In der entwicklungspsychologischen Forschung geht es also wesentlich darum, herauszufinden, wie und auch weshalb sich beispielsweise soziale Beziehungen oder geistige Fähigkeiten entwickeln und verändern (vgl. Oerter u.a., 2002, S. 3).

Hier zeige ich Ihnen die wichtigsten Entwicklungsphasen im Überblick:

- Pränatal: Von der Empfängnis bis hin zur Geburt
- Säuglingsalter: Von der Geburt bis zum 12. Lebensmonat.
- Frühe Kindheit: Ab dem 12. Lebensmonat bis hin zum etwa dritten Lebensjahr.
- Mittlere Kindheit: Vom 3. Lebensjahr bis hin zum 6. Lebensjahr
- Späte Kindheit: Ab dem 6. Lebensjahr bis zum etwa 11. Lebensjahr.
- Adoleszenz: Die Jugendzeit erstreckt sich ab dem 11. Lebensjahr bis etwa zum 20. Lebensjahr.
- Frühes Erwachsenenalter: Ab dem 20. Lebensjahr bis hin zum 40. Lebensjahr.
- Mittleres Erwachsenenalter: Ab dem 40. Lebensjahr bis zum 65. Lebensjahr.
- Hohes Erwachsenenalter: Ab dem 65. Lebensjahr.

  (vgl. Gerrig u. a., 2018, S. 382 f.).

Die pränatale Entwicklung sowie die Entwicklung während der Kindheit sind besonders einzigartig. Neugeborene Babys können beispielsweise nicht nur hören, sondern sind bereits einige Stunden nach der Geburt im Stande, zu schmecken sowie bestimmte Gerüche für sich selbst zu präferieren. Die visuelle Wahrnehmung ist hingegen noch nicht so weit entwickelt. Die Sehschärfe muss sich also nach und nach erst noch entwickeln. Erst mit Vollendung des ersten Lebensjahres erreicht ein Kind die Sehschärfe einer erwachsenen Person. Im Jahr 1960 führten Richard Walk und Eleanor Gibson ein Experiment durch, um herauszufinden, wie weit die Fähigkeit der Tiefenwahrnehmung bei Kindern ausgeprägt ist. Hierfür wird die sogenannte „visuelle Klippe“ (visual Cliff) verwendet: Es handelt sich hier um eine stabile und durchgängige Glasfläche, unter der sich eine Art visuelle Klippe befindet: Die Hälfte der Glasplatte ähnelt einem Schachbrett. Die andere Glasplattenhälfte ist durchsichtig und ohne Muster. Das Schachbrettmuster wird jedoch ungefähr einen Meter unter der durchsichtigen, musterlosen Seite fortgesetzt. Die Mutter befindet sich in diesem Experiment auf der anderen Seite der Klippe und versucht das Baby über die tiefe „vermeintliche Klippe“ zu sich zu locken. Nimmt das Kind die Tiefe bereits aktiv wahr, so krabbelt es womöglich nicht weiter, auch dann nicht, wenn der Tastsinn ihm das Signal einer stabilen Unterlage gibt. Bleibt das Baby also stehen, so ist die Tiefenwahrnehmung bereits entwickelt (vgl. Gerrig u. a., 2018, S. 389). Im Jugendalter stehen die Persönlichkeitsentwicklung sowie die Suche nach der eigenen Identität im Vordergrund. Charakteristisch sind kognitive Veränderungen und die Entwicklung der Fähigkeit, unterschiedliche Perspektiven zu übernehmen. Im Vergleich zu Kindern sind Teenager eher dazu fähig, die Perspektive außenstehender Personen einzunehmen. Zudem besitzen sie die Fähigkeit der Selbstreflexion und Selbstkritik. Schrittweise entwickelt sich immer deutlicher eine neue Persönlichkeit. Zur Entwicklung gehört jedoch nicht nur die physische sowie die psychische Entwicklung, sondern auch die moralische. Im Vordergrund stehen hier vor allem das moralische Urteilen und Denken.

Der bekannte Psychologe Lawrence Kohlberg definierte insgesamt sechs Stufen der Moralentwicklung, die in drei Stadien eingeteilt sind:

Präkonventionelles Stadium

Diese Stufe entspricht dem Moraldenken von Kindern bis etwa zum 9. Lebensjahr. In diesem Stadium steht die Sicherung der eigenen Interessen im Vordergrund. Die Interessen außenstehender Personen werden im präkonventionellen Stadium nur bedingt berücksichtigt. Auch gesellschaftliche und soziale Normen stehen hier noch nicht im Fokus.

Konventionelles Stadium

Dieses Stadium betrifft Jugendliche und junge Erwachsene. Hier dienen feste gesellschaftliche und soziale Normen als Orientierungshilfe. Um dieses Stadium der Moralentwicklung überhaupt zu erreichen, ist eine absolute Grundvoraussetzung, dass sie fähig sind, in hohem Maße die Perspektive anderer zu übernehmen. Bestehende Gesetzmäßigkeiten und Regeln werden in diesem Stadium allerdings noch nicht hinterfragt.

Postkonventionelles Stadium

Dieses Stadium der Moralentwicklung wird frühestens im Erwachsenenalter erreicht. Hier steht die rationale Überprüfung vorgeschriebener Regeln im Fokus – immer unter Abwägung der Interessen der Allgemeinheit. Ethische und moralische Grundanschauungen sind oberstes Gebot (vgl. Oerter u.a., 2002, S. 127 f.).

12. Sozialpsychologie

Dieser Bereich der Psychologie untersucht, wie Menschen verschiedene soziale Situationen gestalten, interpretieren und bewältigen. Hier geht es also darum, das menschliche Verhalten im sozialen Kontext zu verstehen. Typische Fragestellungen der Sozialpsychologie kreisen um soziale Rollen, die nonverbale sowie die verbale Kommunikation, um Stereotypen und um Einstellungen. Vor allem Grundlagen des sozialen Lernens werden durch dieses Teilgebiet der Psychologie erforscht. Die kognitive Dissonanz ist eine der wichtigsten Theorien der Sozialpsychologie. Hierbei handelt es sich um einen unangenehmen Gefühlszustand, der entsteht, weil eine Person unvereinbare Kognitionen hat, das heißt Gedanken, Wünsche, Wahrnehmungen, Absichten oder Einstellungen. Unter Kognitionen werden mentale Ereignisse verstanden, die mit einer Bewertung verbunden sind. Zwischen diesen mentalen Ereignissen können sogenannte Dissonanzen, also Konflikte, entstehen. Wenn eine solche Dissonanz auftaucht, so herrscht ein Ungleichgewicht. Diese dissonanten Zustände empfindet der Mensch als sehr unangenehm und ist bestrebt diese innere Spannung zu überwinden und wieder eine Balance herzustellen (vgl. Aronson u. a.; 2014, S. 4 f.). Die Sozialpsychologie findet in den unterschiedlichsten Bereichen Anwendung, so beispielsweise im Bereich der Gesundheitspsychologie, aber auch im pädagogischen Bereich. Zudem ist die Sozialpsychologie bestens dafür geeignet, um eine bessere Zusammenarbeit von Gruppen und Teams zu erzielen. Diese Teildisziplin der Psychologie ist also sehr praxisrelevant, so zum Beispiel für Unternehmen, Schulen oder Organisationen (vgl. Aronson u. a.; 2014, S. 46 f.).

13. Werbepsychologie

Durch Werbungen werden Menschen sehr häufig manipuliert. Werbeproduzenten sind wahre psychologische Meister und wissen ganz genau, wie eine „Person tickt“ und welche Informationen das Unterbewusstsein direkt erreichen. Es geht darum den Menschen zu überzeugen und Emotionen zu wecken: Das ist die Basis der Werbepsychologie. Ein solcher Manipulationsversuch kann beispielsweise ein verlockendes Angebot sein, aber auch attraktive Personen, fröhliche Gesichter oder ein schöner Körper können bei Menschen bestimmte Emotionen wecken. Ganz egal ob Assoziationen an eine original italienische Pizza oder an Großmutters leckerem Obstkuchen entstehen: Der Kunde soll überzeugt werden, mit allen Mitteln! Es geht hier wesentlich darum, die Menschen davon zu überzeugen, ein Produkt oder eine Dienstleistung zu kaufen, weiterzuempfehlen oder zumindest selbst auszuprobieren. Durch bestimmte Farben sollen bei den Menschen bestimmte Emotionen geweckt werden. So sorgen Rottöne für Aktivität, Gefahr, aber auch Leidenschaft. Rot wirkt stimulierend und weckt innere Kräfte. Grün wird assoziiert mit Wachstum, Hoffnung und Nachhaltigkeit. Es wirkt erfrischend und beruhigend zugleich. Auch bei der Gestaltung von

Internetpräsenzen oder Firmenlogos wird auf die Erkenntnisse der Werbepsychologie zurückgegriffen, denn schließlich geht es darum, den Kunden auf allen möglichen Kanälen zu erreichen. Nicht nur Farben, sondern auch Schriftarten spielen eine große Rolle. So setzten beispielsweise Finanz- und Versicherungsinstitute auf klare und deutliche Schriftarten. Kreative Unternehmen wählen hingegen gerne kursive Schriftzüge. In erster Linie kommt es darauf an, dass der gewählte Slogan, das Logo, die Farben und auch die Schriftarten zum Produkt und zu den angebotenen Dienstleistungen passen. Produkte müssen optimal platziert werden, um den Kunden sofort ins Auge zu fallen. Daher setzen Supermärkte die Artikel und Waren, die bevorzugt verkauft werden sollen, gerne auf Augenhöhe und nicht zufällig angeordnet ins Regal. Auf diese Weise haben Besucher beim Einkaufen kaum die Möglichkeit, an den Produkten vorbeizulaufen. Auch Süßigkeiten werden durchdacht an der Kasse platziert, denn damit werden sowohl Erwachsene als auch Kinder erreicht. Süßwaren sollen Appetit anregen und dafür sorgen, dass noch mehr gekauft wird.

Die gesamte Werbepsychologie ist auf Manipulation ausgelegt. Wer jedoch die Tricks der Werbebranche kennt, kann sich aktiv dagegen schützen. So hilft es beispielsweise eine Einkaufsliste zu schreiben und tatsächlich nur die Produkte mitzunehmen, die auch auf der Liste stehen. Auf diese Weise fallen Sie der Manipulation im Supermarkt nicht zum Opfer.

Im Allgemeinen verfolgt Werbung folgende Ziele:

Information: Kunden sollen neue Produkte und Dienstleistungen präsentiert werden.

Motivation: Die Werbung soll dazu anregen, ein neues Produkt zu kaufen oder eine Dienstleistung in Anspruch zu nehmen.

Sozialisation: Nicht selten verfolgt Werbung auch das Ziel, einer bestimmten Zielgruppe feste Werte zu vermitteln, so beispielsweise die Kampagne „Keine Macht den Drogen"!

Verstärkung: Ist ein Kunde erfolgreich motiviert worden, ein Produkt zu erwerben, kann ihn die Werbung in seiner Entscheidung noch mehr bestärken.

Unterhaltung: Werbung soll auch zugleich Entertainment sein: Sie soll Spaß machen und beim Kunden Emotionen wecken. Schließlich geht es darum, dass Menschen bei der Werbung eben nicht abschalten.

Die Werbepsychologie sorgt dafür, dass bestimmte Stimmungen vermittelt werden können:

- Wissenschaftliche Erkenntnisse wie zum Beispiel die „Blend-a-med-Forschung"
- Symbolfiguren wie „Der General für saubere Böden und Oberflächen".
- Testimonial-Werbung: Werbungen mit Prominenten oder bekannten Personen.

- Herausheben einer hohen Qualität.
- Suggerieren einer Traumwelt: Duplo als die längste Praline der Welt
- Familiäres Feeling und Geborgenheit: Die Produkte der Rügenwalder Mühle oder die Rama-Familie (vgl. Felser, 2007, S. 9).

14. Sportpsychologie

Wer Höchstleistungen im Sport erbringen möchte, sollte nicht nur körperlich trainiert und fit sein, sondern auch geistig. Jede Sportart setzt auf belastbare mentale Komponenten, um eine höchste Leistungsfähigkeit zu erreichen. Zu einem trainierten Körper gehört ein klarer Geist. Durch die Industrialisierung im 19. Jahrhundert und den Blick auf ökonomische Modelle verändert sich auch zunehmend die Sicht auf den menschlichen Körper. So entstand die Disziplin der Sportpsychologie, die nicht nur den menschlichen Körper betrachtet, sondern auch die Psyche des Sportlers in den Fokus der Aufmerksamkeit rückt. Auch die Hirnforschung überschneidet sich heutzutage immer mehr mit den Untersuchungen und Forschungen der Sportpsychologie. Es geht vor allem darum, die Gedankenkraft und die optimalen Bewegungsabläufe zu erforschen, um somit die Leistung zu optimieren. Dabei ist nicht nur die Leistungsfähigkeit des Einzelwettkämpfers relevant, sondern auch diejenige von

Mannschaften: Motivation, gezieltes Training, Disziplin und mentale Stärke sind wesentliche Komponenten auf dem Weg zum Sieg!

15. Positive Psychologie

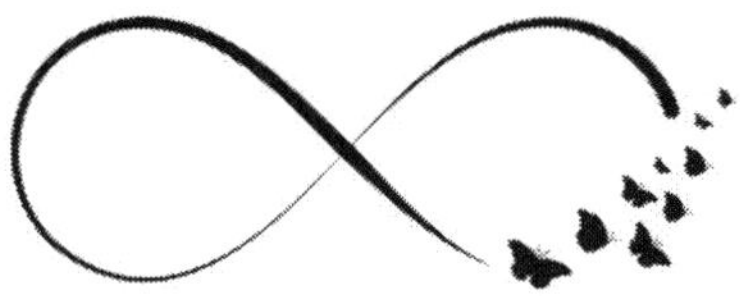

Im Jahr 1954 prägte der amerikanische Psychologe Abraham Maslow den Begriff der „Positiven Psychologie". In den 90er Jahren wurden seine Erkenntnisse vom amerikanischen Psychologen Martin Seligmann erneut aufgegriffen. Im Vordergrund stehen hier Aspekte wie Geborgenheit, Zufriedenheit, Optimismus, Glück und Vertrauen. Auch Vergebung, Solidarität und das Hervorheben individueller Stärken sind zentrale Bestandteile der Positiven Psychologie. Die Positive Psychologie betrachtet also die positiven Eigenschaften von Personen und hebt diese explizit hervor. Somit soll der Mensch angenehmer leben können und stetig innerlich wachsen. Zu den Bereichen der Positiven Psychologie gehört die Förderung des allgemeinen Wohlbefindens, die positive Gesundheit und auch ein Teil der

Neurowissenschaften. Im Vordergrund stehen somit immer die positiven Emotionen von Einzelpersonen und Gruppen (vgl. Gerrig u. a., 2018, S. 419 f.). Diese Disziplin der Psychologie fokussiert sich somit nicht auf Fehler und Schwächen von Personen, sondern rückt die positiven Persönlichkeitsmerkmale in das Zentrum der Aufmerksamkeit. So lernen Menschen schrittweise sich auf die eigenen Stärken zu konzentrieren und diese noch weiter auszubauen. Probleme werden als eine persönliche Herausforderung zur Veränderung angesehen und nicht mehr als belastendes Hindernis.

10 nützliche Affirmationen

Affirmationen sind positive Glaubenssätze, die so lange wiederholt werden, bis sie sich im Bewusstsein verankern. Ich möchte Ihnen hier einige solcher Affirmationen an die Hand geben. Wählen Sie für sich einige davon aus und wiederholen Sie sie – Tag für Tag! Prägen Sie sich Ihren Lieblingsglaubenssatz ein, indem Sie ihn jeden Morgen und jeden Abend 20 Mal laut aussprechen. Selbstverständlich dürfen Sie sich auch eine eigene positive Affirmation ausdenken und diese für sich fest verankern.

1. **Ich entscheide mich bewusst für ein glückliches und zufriedenes Leben.**
2. **Ich nehme mich selbst an so wie ich bin, mit all meinen Stärken, aber auch meinen Schwächen!**

3. **Ich respektiere alle Menschen und nehme sie so wie sie sind.**
4. **Ich bin sehr dankbar dafür, dass ich gesund bin.**
5. **Ich bin ein großherziger und wertvoller Mensch.**
6. **Ich bleibe gelassen und entspannt, ganz egal, was auch kommen mag.**
7. **Ich kann meine Ziele ganz einfach erreichen.**
8. **Ich bin dankbar für meinen Körper und dafür, dass ich meinen Alltag problemlos bewältigen kann.**
9. **Ich bin mit mir und meinem Leben zufrieden und möchte dieses Gefühl auch an meine Mitmenschen weitergeben.**
10. **Ich höre bewusst auf mich selbst und gönne mir jeden Tag etwas Gutes, denn ich habe es verdient, glücklich zu sein.**

Lernen Sie positiv zu denken – Übungen

Nicht jeder Mensch denkt positiv, aber jeder kann es erlernen. Lassen Sie den Kopf nicht hängen, wenn es Ihnen nicht auf Anhieb gelingt und bedenken Sie, dass bisherige Strukturen im Gehirn einfach festgefahren sind. Es braucht einfach seine Zeit, um negative Gedanken und Strukturen zu durchbrechen. Des Weiteren liegt es in der Natur des Menschen, dass zuerst negative Aspekte wahrgenommen werden. Schlimme Erfahrungen bleiben zudem eher in

Erinnerung, denn das ist die allgemeine Funktionsweise des menschlichen Gehirns.

Folgende Dinge können Sie daran hindern, positiv zu denken:

- *Angst, Zweifel*
- *Übermäßiger Stress*
- *Depressionen*
- *Ablehnung*
- *Konfrontation mit dem Tod geliebter Menschen und Unglückssituationen*
- *Unglückliche Zustände im Berufsalltag*
- *Hoher Alltagsstress, der kaum mehr bewältigt werden kann*
- *Innere Blockaden*
- *Misserfolge und zahlreiche Niederlagen*

Hier möchte ich Ihnen einige Übungen mitgeben, die Sie dabei unterstützen sollen, positives Denken zu erlernen:

- *Halten Sie sich Ihre Erfolgserlebnisse vor Augen und nehmen Sie diese als Motivationsgrundlage.*
- *Vergleichen Sie sich nicht mit anderen Mitmenschen, denn das ist der erste Schritt zum Unglücklichsein: Im Allgemeinen vergleicht sich niemand mit Menschen, denen es schlechter geht als einem selbst. Es ist völlig natürlich zu den Menschen aufzuschauen, denen es besser geht und die mehr Erfolg haben.*

Doch hier ist der Frust leider vorprogrammiert.

- *Wenn Sie dafür offen sind, bauen Sie eine Beziehung zu Gott auf. Sie brauchen dazu nicht unbedingt einer Kirche oder einer bestimmten Religion beitreten, denn es geht darum, dass Sie Gott in Ihr Herz lassen. Sehr vielen Menschen hilft eine feste Glaubensbeziehung, um die Hoffnung nicht zu verlieren und glücklich zu sein. Häufig werden Gebete mit positiven Affirmationen verglichen.*
- *Bitte lächeln! Dadurch kurbeln Sie Ausschüttung von Glückshormonen an.*
- *Freuen Sie sich und teilen Sie Ihre Freude auch mit Ihren Mitmenschen, denn geteilte Freude ist doppelte Freude.*
- *Umgeben Sie sich mit Menschen, die selbst positiv denken. Schlechte Laune und Pessimismus ist nicht zielführend, aber leider sehr ansteckend.*
- *Belohnen Sie sich auch mal selbst und gönnen Sie sich von Zeit zu Zeit etwas Gutes. Das hilft Ihnen schrittweise dabei, zu erlernen, dass Sie ein wertvoller Mensch sind.*
- *Überlegen Sie sich immer wieder, was an Ihrem Leben gut ist. Seien Sie dankbar für das, was Sie haben.*
- *Seien Sie hilfsbereit. Das wird in Ihnen besondere Emotionen wecken und Ihnen selbst innerlich guttun.*

- *Bilden Sie sich Ihre eigene Meinung und hören Sie nicht zu sehr auf die Meinung anderer. Es kann Ihren Mitmenschen egal sein, welches Urlaubsziel Sie wählen oder welchen Kleidungsstil Sie bevorzugen.*

16. Motivationspsychologie

Die Motivation spielt nicht nur in der Psychologie eine zentrale Rolle, sondern auch in unserem alltäglichen Leben. Es gibt motivierte und unmotivierte Schüler, Studenten oder Mitarbeiter. Auch hinter einer Straftat steckt häufig eine bestimmte Motivation.
In einigen Fällen sagen wir über uns selbst aus, dass uns die Motivation fehlt, so beispielsweise, wenn für eine Prüfung gelernt werden muss.
Die Motivationspsychologie beschäftigt sich mit der Fragestellung, warum Menschen in der ein oder anderen Weise handeln. Welche Motivation, also welche Beweggründe liegen menschlichen Handlungen zugrunde? Bereits die frühen griechischen Philosophen setzten sich mit dieser Fragestellung auseinander. Epikurs Ansichten zufolge möchten die Menschen durch ihre Handlungen das eigene Wohlbefinden und die Freude maximieren. Er machte sich zudem Gedanken drüber, welche Arten von Bedürfnissen und somit von Handlungsmotivationen es gibt. Was sind „echte

Bedürfnisse“, also Grundbedürfnisse? Welchen Zusammenhang gibt es zwischen der Handlungsmotivation eines Menschen und seinen Emotionen? Seinen Thesen zufolge ist die menschliche Motivation eng mit dem Lust-Unlust-Prinzip verbunden. Das bedeutet, dass der Mensch grundsätzlich positive Umstände anstrebt und durch sein Tun versucht, negative Situationen zu vermeiden. Diese Theorie veranschaulicht Epikur mit dem instinktiven Verhalten neugeborener Kinder: Ihr Vergnügen ist in erster Linie die Befriedigung der Grundbedürfnisse nach Schlaf, liebevoller Zuwendung und Nahrung. Eine bestimmte Motivation, in diesem Fall Hunger, löst eine bestimmte Handlung aus. Die Motivation ist also sozusagen der Motor des menschlichen Handelns. Des Weiteren unterscheidet Epikur körperliche und psychische Freuden, denen unterschiedliche Beweggründe zugrunde liegen (vgl. Gerrig u. a., 2018, S. 446 f.). **Der Begriff Motivation leitet sich vom lateinischen Wort „movere“ ab: Das bedeutet übersetzt „bewegen“, also etwas in Bewegung setzen. Leidet eine Person unter einer mangelnden Motivation, so kann sie sich eben „nicht in Bewegung setzen“.** Die Motivationspsychologie fasst unter dem Begriff der Motivation alle Prozesse zusammen, die bei Personen ein zielgerichtetes Verhalten auslösen oder aufrechterhalten (vgl. Oerter u.a. 2002, S. 127 f.). Es geht in dieser Teildisziplin der Psychologie also wesentlich darum, die Ursachen und

Beweggründe zu erforschen, die hinter einem menschlichen Handeln stehen. In der Motivationspsychologie gibt es unterschiedliche Theorien, die sich vor allem darin voneinander unterscheiden, welche Bedeutung sie den Gefühlen, den Persönlichkeitseigenschaften sowie dem Bewusstsein des Menschen zuschreiben (vgl. Gerrig u. a., 2018, S. 427 f.).

17. Experimentelle Psychologie & Gesundheitspsychologie

Die **Experimentelle Psychologie** wird auch als **Experimental-Psychologie** bezeichnet. Zu den experimentalpsychologischen Forschungsfeldern gehören Teilbereiche der Psychologie wie zum Beispiel Denken, Gedächtnis, Lernen, Wahrnehmung, Emotionen, Motivation oder Psychophysik. Die Experimentelle Psychologie gewinnt ihre Erkenntnisse – wie der Name bereits zum Ausdruck bringt – vorrangig durch Experimente. Eng mit der Experimentellen Psychologie ist die Historie der modernen wissenschaftlichen Psychologie verbunden. Der berühmte deutsche Philosoph, Psychologe und Physiologe Wilhelm Maximilian Wundt gilt als „Vater der experimentellen Psychologie". Er war es auch, der 1879 in Leipzig das erste Psychologische Institut gründete und somit die Geburtsstunde der Experimentellen und der modernen Psychologie begründete. Weitere wichtige Vertreter waren Physiker und Physiologen wie zum Beispiel Hermann von Helmholtz, Ernst Heinrich Weber und Gustav Theodor Fechner. Immer neue experimentelle Methoden ermöglichten einen rasanten Forschungsprozess und somit eine moderne Anwendungsforschung. Von der Experimentellen Psychologie möchte ich nun zur Gesundheitspsychologie übergehen und Ihnen diese kurz näher vorstellen. Wie hoch ist der Anteil unserer psychischen Prozesse, wenn es um das Erleben von Gesundheit und Krankheit geht? Die richtige Antwort auf diese Fragestellung lautet: sehr viel! Genau hier setzt die **Gesundheitspsychologie** als ein wichtiges Teilgebiet der Psychologie an. Sie beschäftigt sich vor allem damit, wie Menschen gesund bleiben können. Gesundheitsfördernde sowie wichtige Präventionsmaßnahmen werden erforscht und weiterentwickelt. Die Gesundheitspsychologie geht davon aus, dass psychische und körperliche Prozesse sehr eng miteinander verbunden sind. Die menschliche Gesundheit ist kein fix definierbares Konstrukt, sondern vielmehr ist es ein Zustand, der schwer zu fassen und zu beschreiben ist. Gesundheit bezieht sich nicht nur auf den allgemeinen Zustand des Körpers sowie des Geistes. Gesundheit ist nicht einzig und allein das nicht Vorhandensein einer Erkrankung. Vielmehr geht es darum, wie gut die einzelnen Körperteile miteinander harmonieren und zusammenarbeiten. Die Gesundheitspsychologie deckt Themenbereiche ab, die teilweise auch von anderen Disziplinen wie zum Beispiel Soziologie oder Medizin erforscht werden. Sie beschäftigt sich jedoch vor allem mit den psychologischen Aspekten und erforscht diese mit verschiedenen Methoden, Theorien sowie psychologischen Modellen.

Zu diesen Themenbereichen gehören:

- Krankheitsprävention und Gesundheitsförderung
- Stressbewältigung
- Einfluss diverser Umweltbedingungen auf die Gesundheit des Menschen
- Arzt-Patient-Beziehung
- Schmerztherapie
- Psychische Bewältigung von Erkrankungen
- Verhaltensmedizin

(vgl. Gerrig u. a., 2018, S. 490 f.)

18. Klinische Psychologie

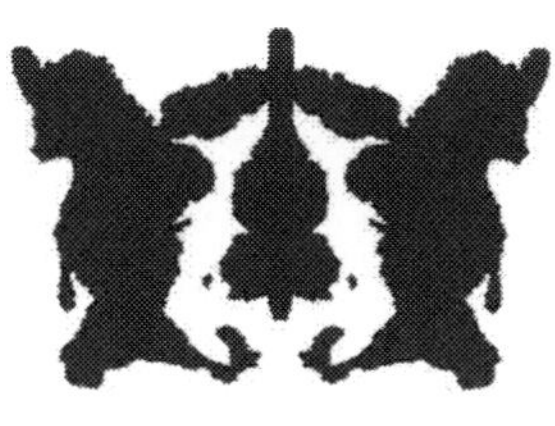

Psychische Störungen beinhalten eine Beeinträchtigung der regulären Denkprozesse, des Verhaltens oder der Emotionen eines Menschen. Psychische Krankheiten können für die Betroffenen einen enormen Leidensdruck bedeuten und sie daran hindern, wichtige persönliche Ziele zu erreichen. Die klinische Psychologie ist der Teilbereich, der sich mit der Erforschung und Behandlung dieser Erkrankungen und Störungen auseinandersetzt. In der klinischen Psychologie geht es also um abweichendes Verhalten, doch was ist das eigentlich?

Grundsätzlich gibt es sieben verschiedene Kriterien, anhand derer sich beurteilen lässt, ob ein Verhalten als „von der Norm abweichend" zu kennzeichnen ist oder nicht:

1. **Leidensdruck:**
   Ein Leidensdruck wird empfunden, wenn bestimmte körperliche oder geistige Einschränkungen einen Verlust der individuellen Handlungsfreiheit hervorrufen. Dies wäre beispielsweise der Fall, wenn eine Frau die eigene Wohnung nicht mehr verlassen kann, ohne zu weinen. In einem solchen Fall könnte sie die Anforderungen des Alltags nicht mehr bewältigen und hätte einen massiven Leidensdruck.
2. **Fehlanpassungen:**
   Das liegt beispielsweise vor, wenn eine Person:

sich so verhält, dass sie ihr eigenes Erreichen von Zielen verhindert;

andere Menschen von der Zielerreichung abhält;

den Bedürfnissen und Anforderungen der Gesellschaft nicht gerecht wird.
Eine Person, die beispielsweise täglich hohe Alkoholmengen konsumiert, kann dem geregelten beruflichen Alltag nicht mehr ordnungsgemäß nachgehen. Zudem würde diese Person durch Trunkenheit andere Mitmenschen gefährden. In einem solchen Fall wird ein fehlangepasstes Verhalten an den Tag gelegt.

3. **Irrationalität:**
   Das, was eine Person ausspricht oder tut, erscheint anderen Mitmenschen irrsinnig oder unverständlich. Irrational verhält sich beispielsweise eine Person, die auf Stimmen antwortet, die in der Realität jedoch nicht wahrnehmbar sind.
4. **Unberechenbarkeit:**
   Sprunghaftes Verhalten und ein deutlicher Kontrollverlust über das eigene Verhalten werden in der klinischen Psychologie unter dem Begriff der „Unberechenbarkeit“ zusammengefasst. Unberechenbar verhält sich beispielsweise eine Person, die mit der Faust eine Glasscheibe zerschlägt, ohne dass ein bestimmter Grund erkennbar ist.
5. **Außergewöhnlichkeit & Seltenheit:**
   Hierunter werden Verhaltensweisen gerechnet, die statistisch gesehen eher selten vorkommen. Diese Verhaltensweisen verletzen allgemeingültige Normen und Standards

und gelten als unakzeptabel und nicht wünschenswert. Genialität kommt beispielsweise selten vor, gilt jedoch als wünschenswert. Eine extrem geringe Intelligenz wird hingegen als nicht wünschenswert bezeichnet und fällt somit unter den klinischen Begriff „Abweichung".

6. **Unbehagen beim Beobachten:**
   Eine Person ruft Unbehagen hervor, wenn sie sich durch ihr Verhalten in Gefahr bringt. Ein Mann, der laut mit sich selbst spricht und dabei auf eine stark befahrende Straße rennt, wäre ein Beispiel hierfür: Er ruft bei seinen Mitmenschen Unbehagen hervor, denn diese müssen sich beispielsweise bemühen, um ihn herumzufahren.
7. **Verletzung gesellschaftlicher und moralischer Normen:**
   Es gilt als gesellschaftliche und moralische Norm, als Vater und Mutter seine eigenen Kinder zu beschützen und liebevoll zu behüten. Lassen Eltern ihre Kinder verwahrlosen oder lassen sie diese im Stich, so wird das als Abweichung von dieser Norm betrachtet (vgl. Wittchen u.a., 2011, S. 28 f.).

Psychische Krankheiten

Die klinische Psychologie beschäftigt sich mit verschiedenen Methoden, der Diagnostik und der Klassifizierung von psychischen Störungen, beispielsweise nach dem „International Classification of Diseases“ (ICD).

Hier möchte ich Ihnen einige bedeutende psychische Erkrankungen näher vorstellen:

Angststörungen & Panikattacken

Ängste gehören zum menschlichen Leben einfach mit dazu und jeder von uns kennt dieses Gefühl. Angst bietet dem Menschen in vielen Situationen einen Schutz und kann somit sogar Leben retten. Liegt jedoch eine Angststörung vor, so geht es nicht mehr um eine „normale Angst“, sondern vielmehr um eine regelrechte Bedrohung. Hier sind die Ängste besonders intensiv ausgeprägt und werden begleitet von Anzeichen wie Schweißausbrüchen, Engegefühl in der Brust, Schwindel, Zitteranfällen, Übelkeit, Atemnot und Herzrasen.

Grundsätzlich werden fünf Hauptformen der Angststörung unterschieden:

- **Generalisierte Angststörung:**
  Hier halten die Ängste über einen sehr langen Zeitraum an und führen zur Nervosität, Anspannung sowie zur inneren Unruhe.
- **Panikstörung:**
  Hier treten die Ängste sehr plötzlich auf und äußern sich sehr intensiv. Panikattacken können sogar mehrere Minuten lang anhalten.

- **Agoraphobie:**
  Hinter diesem Begriff stehen die Platzangst sowie die Angst vor dichten Menschenmengen.
- **Soziale Phobie:**
  Bei dieser Form haben die Betroffenen Angst, von ihren Mitmenschen negativ beurteilt zu werden.
- **Spezifische Phobie:**
  Hierunter versteht sich die Angst vor unterschiedlichen Situationen oder Dingen, die im Grunde jedoch gar nicht gefährlich sind wie zum Beispiel Injektionen oder Spinnen (vgl. Gerrig u. a., 2018, S. 550f.).

Die Entstehung von Angststörungen ist sehr komplex und vielschichtig. Aktuelle aber auch wichtige Lebensereignisse der Vergangenheit können starke Ängste hervorrufen. Ebenso können fehlerhafte Erziehungsstile, soziale oder seelische Belastungen sowie genetische Faktoren zu einer Angststörung führen. In einem Untersuchungsgespräch kann der Psychologie eine klare Diagnose treffen und die weitere Therapie festlegen. Personen, die unter einer Angststörung leiden, sollten den Fachexperten vertrauen und offen mit der eigenen Lebenssituation umgehen. Auf diese Weise kann das Problem gezielt angegangen und die eigene Lebensqualität deutlich erhöht werden.

Eine **Panikattacke** ist also eine Form der Angststörung, die sich vor allem durch ein intensiv ausgeprägtes Unbehagen und einer

großen Furcht auszeichnet. Die Betroffenen äußern sowohl kognitive als auch körperliche Symptome. Treten Panikattacken wiederholt auf, so wird von einer Panikstörung gesprochen.
Diese Angstanfälle können mit massiven Verhaltensänderungen verbunden sein, so beispielsweise, dass Betroffene bestimmte Orte oder Situationen meiden. Eine Panikstörung kann sowohl psychotherapeutisch als auch medikamentös behandelt werden. Hier kann zum Beispiel die kognitive Verhaltenstherapie zum Einsatz kommen. Im Allgemeinen sind Frauen häufiger von Panikattacken betroffen als Männer (vgl. Gerrig u. a., 2018, S. 558f.). Die plötzlich auftretenden Symptome erreichen nach ungefähr zehn Minuten den Höhepunkt und klingen anschließend wieder schrittweise ab. Solche Angstanfälle sind für die Betroffenen zwar äußerst unangenehm, aus medizinischer Sicht jedoch ungefährlich. Panikattacken lassen sich im Allgemeinen klassifizieren in „erwartete“ und „unerwartete“ Angstanfälle: Bei einer Spinnenphobie kann ein solcher Anfall auftreten, sobald der Betroffene eine Spinne sieht: Hierbei handelt es sich um eine erwartete Panikattacke. Eine unerwartete tritt spontan und ohne einen erkennbaren Auslöser auf (vgl. Gerrig u. a., 2018, S. 550f.).

Depressionen

Hierbei handelt es sich um eine psychische Krankheit, die sich in vielen verschiedenen Beschwerden bemerkbar machen kann. In den meisten Fällen sind Symptome wie eine langandauernde bedrückte Stimmung, ein ausgeprägter Interessenverlust sowie Schlaf- und Appetitlosigkeit bei den Betroffenen zu beobachten. Auch Schmerzzustände können zu den Anzeichen einer Depression gehören (vgl. Gerrig u. a., 2018, S. 549.).

Jeder von uns kennt solche Phasen, in denen scheinbar nichts zu funktionieren scheint. Der Alltag erscheint trist und grau, man ist einfach „deprimiert“. Hinter solchen Gefühlen kann eine gescheiterte Partnerschaft, aber auch ein großer Misserfolg im Beruf stecken. Fälschlicherweise wird der Fachbegriff „Depression“ oft verwendet, um alltägliche Gefühls- und Gemütsschwankungen zu beschreiben. Eine Depression im Sinne einer psychischen Störung ist jedoch weitaus mehr als nur eine Niedergeschlagenheit oder ein Stimmungstief. Vielmehr geht es hier um eine ernstzunehmende Krankheit, die das Handeln, das Fühlen und das Denken der betroffenen Personen maßgeblich beeinflusst. Es ist ein erhebliches seelisches Leiden, das häufig mit vielen Störungen unterschiedlicher Körperfunktionen einhergeht. Eine psychotherapeutische Behandlung, aber auch eine medikamentöse Therapie kann bei der Linderung der Symptome und Beschwerden helfen. Es ist grundlegend wichtig, eine Depression adäquat behandeln zu lassen. Bei dieser Erkrankung werden im Allgemeinen zwei Formen unterschieden: Die unipolare Depression sowie die bipolare Depression. Bei der

unipolaren Depression lassen sich depressive Phasen beobachten. Manische Phasen treten bei dieser Erkrankungsform allerdings nicht auf.
Bei der bipolaren Störung treten neben den klassischen Symptomen wie Antriebslosigkeit und Niedergeschlagenheit auch Phasen gehobener Stimmung (Manie) auf (vgl. Wittchen u.a., 2011, S. 31 f.).

Traumata
Nach äußerst belastenden Lebenserfahrungen und Ereignissen können schwere emotionale und psychische Beeinträchtigungen auftreten. Solch einschneidende Lebensmomente sind beispielsweise der Tod einer sehr nahestehenden Person oder Trennungskonflikte. Diese Situationen können der Auslöser für eine psychische Erkrankung sein. Die Betroffenen zeigen häufig Symptome wie zum Beispiel innere Unruhe, Angstzustände, depressive Stimmungslagen, deutliche Verhaltensänderungen oder Schlafstörungen. Die Beschwerden und Leiden wirken sich ganz maßgeblich auf den Alltag dieser Personen aus.
Nicht jede verzweifelte Reaktion oder Trauerphase auf ein bestimmtes Lebensereignis wie beispielsweise nach einem schweren Verkehrsunfall, hat automatisch einen Krankheitswert. Vielmehr handelt es sich hier um eine ganz natürliche Art der Trauerbewältigung. Die in diesem Zusammenhang auftretenden Beschwerden wie zum Beispiel Schlafstörungen oder innere Anspannungen klingen nach einer

gewissen Zeit von alleine wieder ab. Ob es sich im Einzelfall tatsächlich um eine behandlungsbedürftige Störung handelt, muss immer ein Facharzt beurteilen.

Unter dem Krankheitsbild „Traumata“ werden im Allgemeinen drei verschiedene Störungen zusammengefasst:

1. **Akute Belastungsreaktionen:**
   Diese können vor allem nach einer außergewöhnlichen psychischen oder physischen Belastung, einem sogenannten Stressor, auftreten. Ein Beispiel hierfür wären eine Vergewaltigung oder eine Naturkatastrophe. Diese akute Belastungsreaktion tritt in den meisten Fällen nur wenige Minuten nach dem Ereignis auf und klingt im Allgemeinen nach wenigen Stunden oder Tagen von alleine wieder ab. In der Regel dauert die akute Belastungsreaktion nie länger als einen Monat an.

Zu den Symptomen gehören: *Desorientierung, Aufmerksamkeitsdefizite, ein Gefühl der Betäubung und des Gelähmt-Seins, sozialer Rückzug, Gereiztheit, ein Gefühl der Unfähigkeit, das Geschehene für andere Mitmenschen in Worte zu fassen (sprachloses Entsetzen), Unruhe, Schweißausbrüch, Herzrasen, Übelkeit, Erinnerungslücken.*

Die Erstversorgung solcher Fälle übernehmen speziell geschulte Kriseninterventionsteams noch direkt am Einsatzort. Die Rettungskräfte verschaffen sich auch einen Gesamtüberblick über den allgemeinen Angst- und Schockzustand der jeweiligen Personen. Hier ist es von besonderer Wichtigkeit, ein soziales Netz zu organisieren, in dem sich der Betroffene gut aufgehoben fühlt.

2. **PTBS:**
   Darunter versteht man eine posttraumatische Belastungsstörung. Im Grunde ist das eine verzögerte Reaktion auf ein sehr belastendes Lebensereignis oder eine große Katastrophe. Sicherlich wirken sich schwere Unfälle, Naturkatastrophen oder Gewaltverbrechen auf jeden Menschen sehr stark aus, doch wenn die charakteristisch belastenden Symptome über einen längeren Zeitraum als vier Wochen anhalten ist von einer PTBS die Rede.
3. **Anpassungsstörung:**
   Hinter einer Anpassungsstörung steht in den meisten Fällen eine konkret erkennbare psychosoziale Belastung wie beispielsweise der Tod des geliebten Ehepartners. Auch eine Arbeitslosigkeit oder hochbelastende Konflikte am Arbeitsplatz können jedoch dieser Störung zugrunde liegen. Anders ausgedrückt lässt sich sagen, dass hinter

dieser Störung ein außergewöhnliches Ereignis steht, das eine wesentliche Veränderung der persönlichen Lebensumstände mit sich bringt. Die Betroffenen können soziale Funktionen oder Verpflichtungen in ihrem alltäglichen Leben nur deutlich eingeschränkt wahrnehmen (vgl. Gerrig u. a., 2018, S. 549.).

Essstörungen
Auch Essstörungen sind eine ernstzunehmende Erkrankung, die unbedingt behandelt werden muss. Hier herrscht insbesondere ein gestörtes Verhältnis zum eigenen Körper sowie zur Nahrungsmittelaufnahme vor. Die betroffenen Personen kontrollieren ihr eigenes Essverhalten sehr intensiv, schränken es drastisch ein oder verlieren sogar komplett die Kontrolle darüber. Es ist gar nicht so einfach zu erkennen, wann ein auffälliges Essverhalten sich tatsächlich zu einer Essstörung entwickelt. Junge Frauen und Mädchen sind von dieser psychischen Störung am häufigsten betroffen.

Im Allgemeinen werden drei Hauptformen unterschieden:

Anorexie: Hinter diesem Begriff steht die Magersucht, die mit einem Untergewicht oder einem signifikanten Gewichtsverlust einhergeht. Zum typischen Verhalten der Betroffenen gehört übermäßig viel Sport, ständiges Wiegen, exaktes

Kalorienzählen, die Einnahme bestimmter Medikamente oder Abführmittel sowie die panische Angst an Gewicht zuzulegen. Die von Anorexie betroffenen Personen sehen nicht ein, dass ihr eigenes Verhalten von der Norm abweicht.

Bulimie: In der Fachterminologie wird diese Störung auch als „bulimia nervosa“ bezeichnet. Das charakteristische Anzeichen für diese Essstörung sind Essanfälle: Die Betroffenen verschlingen im wahrsten Sinne des Wortes sehr große Portionen innerhalb kürzester Zeit. Sie können das eigene Essverlangen nicht mehr kontrollieren, doch gleich nach dem Essen kommen Schuldgefühle auf. Die vielen Kalorien, die aufgenommen wurden, müssen schleunigst wieder eliminiert werden. Die Betroffenen versuchen das Essen wieder zu erbrechen oder beginnen unverzüglich mit Radikaldiäten, Abführmitteln oder einem harten Sportprogramm.

Binge-Eating-Störungen: Hinter diesem Fachbegriff stehen immer wiederkehrende und unkontrollierbare Essanfälle. Hier treten die Essanfälle über einen Zeitraum von mindesten drei Monaten auf. Gleichzeitig leiden die betroffenen Personen unter einem gestörten Hunger- und Sättigungsempfinden. Zudem muss hier erwähnt werden, dass die Betroffenen oftmals übergewichtig sind und ein sehr schlechtes Verhältnis zu sich selbst und ihrem Körper haben.

Diese Essstörungsformen können auch ineinander übergehen. Alle Essstörungsformen haben jedoch ein gemeinsames Merkmal: Die Betroffenen haben meistens ein sehr geringes Selbstwertgefühl und versuchen zumindest unbewusst, die vielen inneren Konflikte über ihr Essverhalten in den Griff zu bekommen. Eine Essstörung kann sich meistens über viele Jahre hinwegstrecken. Die Betroffenen fühlen sich körperlich und auch geistig oft zu schwach, um den Weg aus dieser Krankheit zu finden. Leider ziehen sie sich auch häufig von ihrer Familie zurück. Es ist jedoch grundlegend wichtig, eine Essstörung rechtzeitig und adäquat zu behandeln, da es ansonsten zu gefährlichen körperlichen Konsequenzen kommen kann. Eine Mangel- oder Unterernährung kann beispielsweise zu einem Ausbleiben der monatlichen Regelblutung, zu Muskelschwund, Haarausfall oder Potenzstörungen führen. Auch die Speiseröhre und die Zähne können einen bleibenden Schaden davontragen. Insbesondere eine Anorexie kann im schlimmsten Fall sogar tödlich enden (vgl. Wittchen u.a., 2011, S. 35 f.).

Das Ziel der Behandlung ist hier also ein normales und gesundes Essverhalten bei den Betroffenen zu fördern. Gleichzeitig ist es wichtig, dass psychische Belastungen und innere Konflikte erkannt und richtig behandelt werden. So kann sich auch das Körpergewicht normalisieren und stabilisieren. Die Psychotherapie ist der wichtigste Ansatz bei der Behandlung von Essstörungen: Diese kann in Einzel- oder auch in

Gruppensitzungen stattfinden. Hierbei sollte bedacht werden, dass die erfolgreiche Therapie einer solchen Essstörung Zeit braucht. Ein tiefes Vertrauensverhältnis zwischen dem Betroffenen und dem Therapeuten ist dabei unverzichtbar wichtig. Der Therapeut sollte einer der wichtigsten Ansprechpartner für alle offenen Fragestellungen und Probleme sein: Gemeinsam finden sich erfahrungsgemäß immer die besten Lösungen.

Hypochondrie

Hinter dieser Störung steht die übertriebene Angst, an einer bestimmten Krankheit leiden zu können. Die Betroffenen interpretieren körperliche Symptome häufig falsch. Ihre Gedanken kreisen dauerhaft oder schubweise um die Angst, von der jeweiligen Erkrankung betroffen sein zu können. Sie suchen gleichzeitig nach einer Bestätigung ihrer Vermutung und möchten sich mit ärztlicher Hilfe rückversichern. Die Ursachen dieser psychischen Störung sind nicht bekannt, eine Psychotherapie kann den betroffenen Personen jedoch wirksame Linderung verschaffen. Es ist auch sehr wichtig und ratsam, dass Betroffene im Falle einer Hypochondrie professionelle Hilfe in Anspruch nehmen, denn diese Angst schränkt die Lebensqualität massiv ein. Im Grunde ähnelt die Hypochondrie einer Angststörung beziehungsweise einer Panikattacke. Das Hauptsymptom dieser Störung ist die große Angst vor bestimmten Krankheiten. Hier ist auch die Angst vor einer Behinderung, chronischen Schmerzen und sogar vor dem Tod miteingeschlossen. Die Hypochonder recherchieren oft sehr genau und holen viele Informationen über die jeweiligen Erkrankungen ein. Die Angst dominiert eindeutig bei dieser Störung und stört nicht nur den alltäglichen Tagesablauf, sondern auch die sozialen Interaktionen der betroffenen Personen (vgl. Gerrig u. a., 2018, S. 549.).

Schizophrenie

Diese psychische Erkrankung wird zu den sogenannten Psychosen gezählt. Die betroffenen Personen nehmen die Realität häufig nur sehr verändert wahr. Phasenweise leben sie sogar in einer ganz eigenen Welt. Verfolgungswahn, motorische Störungen aber auch Halluzinationen sind wesentliche Merkmale dieser schweren psychischen Störung. Das Gefühlsleben, die Wahrnehmung aber auch die Gedanken der Betroffenen sind radikal verändert. Dementsprechend verändert sich auch das Verhalten, was von außenstehenden Personen häufig als sehr verwirrend, verängstigend und bizarr wahrgenommen wird. Psychologische Fachexperten bezeichnen diese Erkrankung als eine sogenannte endogene Psychose. Das bedeutet, dass diese psychische Störung von innen heraus entsteht und keine körperliche Ursache hat, die ihr zugrunde liegt. Die Symptome dieser Erkrankung sind äußerst vielfältig und jeder Patient entwickelt ein ganz individuelles Krankheitsbild. Vor allem für Außenstehende, die kaum etwas über diese Krankheit wissen, ist das Verhalten der Betroffenen sehr angsteinflößend. Zu den Krankheitssymptomen gehören beispielsweise Reizbarkeit, Schlafstörungen oder starke innere Spannungen. Des Weiteren leiden die Patienten häufig unter Halluzinationen, der Wahrnehmung von Stimmen sowie unter einer erhöhten Geräusch- und Lichtempfindlichkeit. Nicht selten vernachlässigen die betroffenen Patienten ihr äußerliches Erscheinungsbild. Die Anfangszeit dieser Erkrankung kann sich über einige Monate erstrecken oder sogar Jahre, bis die Schizophrenie dann in die Akutphase übergeht (vgl. Gerrig u. a., 2018, S. 587.).

Zwangsneurosen

Auch die Zwangsstörung oder Zwangsneurose ist eine schwere psychische Störung. Die betroffenen Patienten leiden massiv unter dem Zwang, immer wieder dieselben Rituale durchführen zu müssen. Wenn sie eine bestimmte für sie wichtige Handlung einmal nicht durchführen können, werden sie von beunruhigenden Gedanken geplagt. Auch wenn die Betroffenen einsehen, dass ihre Ängste, Gedanken und Handlungen irrational sind, so können sie trotzdem ihr Denken und ihr Tun nicht einfach abstellen. Der innere Druck ist stärker, doch allmählich brechen die Betroffenen unter dieser massiven Belastung zusammen. In der Fachterminologie wird diese Störung auch als

„obsessive compulsive disorder – OCD-Krankheit bezeichnet. Zwangsstörungen bezeichnen ein sehr umfangreiches Spektrum von Verhaltensauffälligkeiten. Die hiervon betroffenen Personen stehen unter einem enormen Druck, bestimmte Handlungen unbedingt in ritualisierter Form durchführen zu müssen: Das kann zum Beispiel der Drang sein, sich unbedingt die Hände waschen zu müssen oder Dinge abzuzählen. In sehr schlimmen Fällen haben die Betroffenen sogar die zwanghafte Vorstellung, eine Gewalttat begehen zu müssen. Zwanghaftigkeit ist in einem gewissen Maß bei jedem Menschen normal. Auch abergläubische Vorstellungen sind keine Normabweichung, sondern vielmehr harmlose Rituale. So verspüren sehr viele Menschen den Drang, keine wichtigen Entscheidungen zu treffen, nachdem eine schwarze Katze ihren Weg gekreuzt hat.

Die Übergänge vom normalen Verhalten zu einer psychischen Zwangsstörung hin sind jedoch fließend. Im Allgemeinen gilt die Faustregel, dass ein zwanghaftes Verhalten dann behandelt werden sollte, wenn es die Betroffenen in ihrer Alltagsgestaltung massiv einschränkt (vgl. Wittchen u.a., 2011, S. 52 f.).

Burnout

Beim Burnout handelt es sich um einen Zustand der tiefen körperlichen, geistigen und auch emotionalen Erschöpfung einer Person. Die Konzentrationsfähigkeit lässt rasant nach und es passieren immer wieder Fehler. Sehr viele

betroffene Personen können auch für ihr Privatleben nicht mehr die nötige Portion an Kraft aufbringen. In den meisten Fällen wird ein Burnout auf eine übermäßige Stressbelastung oder eine persönliche Überforderung zurückgeführt. Die Symptome dieser Erkrankung sind sehr vielfältig und erstrecken sich über verschiedene Phasen. Die Anzeichen äußern sich sowohl geistig, psychisch, emotional als auch in psychosomatischer Form. Jeder betroffene Patient zeigt hier ein individuelles Symptommuster, das von der jeweiligen Krankheitsphase abhängt.
Das Hauptsymptom beim Burnout ist die deutlich sicht- und spürbare Erschöpfung der Betroffenen.

Im Allgemeinen werden 7 Phasen unterschieden:

1. **In der ersten Anfangsphase zeigen die Betroffenen häufig noch recht viel Energie und bewältigen die Anforderungen und Aufgaben mit Ehrgeiz und Idealismus.** Ein typisches Anzeichen in dieser Phase ist jedoch, wenn die Betroffenen nicht mehr abschalten können. Eine bewusste und aktive Erholung, um neue Kraft zu tanken, scheint kaum mehr möglich zu sein. Das ist der Beginn des Teufelskreises.

Weitere Burnout-Anzeichen in der Anfangsphase sind: Das eigene Empfinden, nie genug Zeit für alle Erledigungen und Dinge zu haben. Eigene Bedürfnisse werden verleugnet. Es entsteht das Gefühl, unentbehrlich zu sein. Enttäuschungen und Niederlagen werden verdrängt. Soziale Kontakte werden auf Kunden, Klienten, Patienten oder ähnliches eingeschränkt.

Bereits nach kürzester Zeit beginnen Anzeichen der Erschöpfung hinzuzukommen wie zum Beispiel: Energie- und Schlafmangel. Erhöhte Verletzungs- und Unfallgefahr. Erhöhte Infektanfälligkeit.

2. **Die typischen Symptome in der zweiten Burnout-Phase sind:**
    - Reduziertes Engagement
    - Es entsteht das Gefühl, ausgenutzt und ausgebeutet zu werden
    - Es entsteht das Gefühl, von anderen Mitmenschen nicht wertgeschätzt zu werden.
    - Der anfängliche Idealismus schwindet zunehmend.
    - Gegenüber Kunden, Klienten, Kollegen, Geschäftspartner, Patienten, o. ä. entsteht eine Distanziertheit.
    - Die Fähigkeit, sich in andere hineinzuversetzen, nimmt zunehmend ab.

- Zynismus und emotionale Gleichgültigkeit stellen sich ein.
- Gegenüber Kollegen, Vorgesetzten oder Kunden werden negative Gefühle gehegt.

3. **In der dritten Phase können sich immer mehr Aggressionen, Schuldzuweisungen aber auch Depressionen entwickeln. Die Symptome dieses Stadiums sind:**
    - Hilflosigkeit und ein Gefühl der Ohnmacht
    - Das Gefühl innerer Leere entsteht
    - Pessimismus und Niedergeschlagenheit
    - Abgeschlagenheit und Antriebslosigkeit
    - Angst
    - Vermindertes Selbstwertgefühl
    - Stimmungsschwankungen
    - Ungeduld und Reizbarkeit
    - Schuldzuweisungen gegenüber anderen Mitmenschen
    - Wut.

4. **In der vierten Phase kommt es zu einem immer deutlicheren Abbau:**
    - Die Kreativität schwindet
    - Die Arbeit wird nach „Dienstvorschrift“ erledigt.

- Komplexe Aufgaben können nur noch schwer oder gar nicht mehr bewältigt werden.
- Ein Schwarz-Weiß-Denken stellt sich ein.
- Entscheidungen können nicht mehr selbstständig und problemlos gefällt werden.

5. **Dieses Stadium ist geprägt von einer zunehmenden Verzweiflung und einem ausgeprägten Desinteresse. Der Mangel an Energie führt zudem zu einem starken sozialen und emotionalen Rückzug. Die Betroffenen geben ihre Hobbys auf und entfernen sich auch immer mehr von Freunden und der eigenen Familie.**

6. **In der sechsten Burnout-Phase äußern sich auch psychosomatische Beschwerden wie beispielsweise:**
    - Muskuläre Verspannungen
    - Kopf- und Rückenschmerzen
    - Schlafstörungen
    - Erhöhter Blutdruck und Herzrasen
    - Sexuelle Unlust
    - Starke Schwankungen des Körpergewichts
    - Verstärkter Konsum von Genussmitteln wie zum Beispiel Alkohol, Nikotin oder Koffein.

- Gesteigerte Infektanfälligkeit.

7. **Die siebte Stufe ist das letzte Stadium dieser Erkrankung. Hier dominiert vor allem die Verzweiflung der Betroffenen. Das Gefühl der Hoffnungs- und der Hilflosigkeit verstärkt sich zunehmend. Nichts macht den Betroffenen mehr Freude und in nicht wenigen Fällen kann es sogar zu einer schweren Depression kommen.**

Diese sieben Phasen sind von Prof. Matthias Burisch definiert worden, doch nicht jeder betroffene Patient zeigt die gleichen Symptome oder durchläuft exakt alle Phasen (vgl. Wittchen u.a. 2011, S. 42 f.).

Psychotherapie

In der Psychotherapie steht die Behandlung der Seele des Menschen im Fokus. Mithilfe unterschiedlicher psychologischer Methoden können diverse Störungen und Erkrankungen erfolgreich behandelt und schließlich geheilt werden. Grundlegend wichtig ist jedoch, dass die Betroffenen bestimmte Symptome aufmerksam wahrnehmen und es nicht scheuen einen Fachexperten aufzusuchen. Die Psychotherapie lässt sich also umschreiben mit „Behandlung der Menschenseele“. Das Ziel ist somit verschiedene Erkrankungen festzustellen, die Symptome zu lindern und letztendlich zu beseitigen, sodass die jeweilige Person als geheilt gilt. Eine

Psychotherapie dürfen nur speziell ausgebildete Kinder- und Jugend-Psychotherapeuten, psychologische Psychotherapeuten sowie Fachärzte durchführen. Eine Psychotherapie kann stationär, teilstationär (Tagesklinik) oder ambulant durchgeführt werden. Ebenso kann die Therapie in Einzel- oder Gruppensitzungen stattfinden. Des Weiteren gibt es unterschiedliche psychotherapeutische Verfahren, die zur Anwendung kommen können. Welche Art der Behandlung in Frage kommt, hängt beispielsweise von der Art der psychischen Störung ab.

In der Psychotherapie kommen drei wesentliche Behandlungskonzepte zum Einsatz:

1. Die kognitive Verhaltenstherapie
2. Das tiefenpsychologisch fundierte Psychotherapie-Konzept
3. Psychoanalyse (psychoanalytische Therapie).

Bei einigen psychischen Erkrankungen können noch zwei weitere Therapiekonzepte in Betracht kommen:

Systemische Therapie

Gesprächspsychotherapie.

Wie lange eine Psychotherapie dauert, ist ganz unterschiedlich. So kann eine Akutbehandlung nur wenige Stunden dauern. Eine Kurzzeittherapie kann bis zu 25 Stunden in Anspruch nehmen und eine Langzeitbehandlung wie beispielsweise die Verhaltenstherapie bis zu 80 Stunden. Die analytische sowie die tiefenpsychologisch fundierte Psychotherapie kann sogar noch länger dauern (vgl. Wittchen u.a., 2011, S. 449 f.).

Psychoanalyse & psychoanalytische Therapie in der Behandlung von psychischen Störungen

In der psychoanalytischen Therapie steht das „Unbewusste" des Menschen im Fokus der Aufmerksamkeit. Dieses Konzept geht davon aus, dass bestimmte unbewusste Erlebnisse oder Konflikte aus der Vergangenheit zur Entstehung bestimmter psychischer Störungen führen. Meistens liegen diese Konflikte in der frühen Kindheit. Diese unbewussten Erlebnisse und Konflikte bestimmen zum einen das Bild, das eine Person von sich selbst hat, aber auch das Bild, das dieser Mensch von anderen hat. Auch die Emotionen, Handlungen und Gedanken werden maßgeblich vom Unbewussten beeinflusst. In der Psychotherapie wird den Betroffenen ein Weg eröffnet, um mit diesen unbewussten Konflikten und den Konsequenzen, die sich im gegenwärtigen Alltag zeigen, umzugehen. Es ist grundlegend wichtig, im Hier und Jetzt zu leben und vergangene Belastungen aufzuarbeiten (vgl. Gerrig u. a., 2018, S. 599 f.).

Verhaltenstherapie

Unter „Verhalten" werden nicht nur die von außen wahrnehmbaren Handlungen eines Menschen verstanden, sondern auch seine

Emotionen und Gedanken. Verhalten kann größtenteils erlernt werden, das heißt also, dass bestimmte belastende Verhaltens- und Denkmuster auch wieder verlernt werden können. Gleichzeitig können neue positive und konstruktive Verhaltensmuster erlernt werden.
Das Ziel der kognitiven Verhaltenstherapie ist also, einen Menschen dabei zu unterstützen, seine eigenen Probleme zu erkennen, zu verstehen und durch Verhaltensänderungen zu bewältigen. Aus diesem Blickwinkel betrachtet ist die kognitive Verhaltenstherapie also eine „Hilfe zur Selbsthilfe". In die Therapie werden auch die aktuellen Lebensumstände miteinbezogen. So werden hilfreiche Lösungsstrategien entwickeln, durch die die Lebensqualität der Betroffenen maßgeblich gesteigert werden soll. Problematische Verhaltensweisen werden dabei hinterfragt und neue Verhaltensweisen werden ausprobiert. Zentrale Elemente der Verhaltenstherapie sind zum Beispiel die Konfrontation mit gefürchteten Situationen (Exposition) oder das gezielte Training bestimmter Fähigkeiten wie zum Beispiel das Erlernen, Nein zu sagen (vgl. Gerrig u. a., 2018, S. 611 f.).

Psychopharmaka

Ein zentraler Baustein der Behandlung von psychischen Erkrankungen sind Psychopharmaka. Diese Medikamente beeinflussen bestimmte Stoffwechselprozesse im Hirn und können somit sehr gewinnbringend eingesetzt werden. Diese medikamentöse Therapie stellt also wieder eine Balance her, zum Beispiel bei einem Überfluss oder einem Mangel an bestimmten hormonellen Botenstoffen im Gehirn (sogenannten Neurotransmittern). Einige Medikamente haben jedoch auch eine gezielte und direkte Wirkung, zum Beispiel Beruhigungspräparate.

Grundsätzlich werden 7 verschiedene Psychopharmaka-Gruppen unterschieden:

1. Stimmungs-Stabilisierer
2. Hypnotika
3. Antidepressiva
4. Psychostimulanzien
5. Antipsychotika
6. Antidementiva
7. Sonstige Arzneimittelpräparate.

Psychopharmaka sind die am häufigsten verschriebenen Arzneipräparte. Vor allem bei der Behandlung schwerer Störungen sind sie von essenzieller Bedeutung (vgl. Wittchen u.a., 2011, S. 419 f.). Wie andere Medikamente haben auch Psychopharmaka jedoch bestimmte Wechsel- und Nebenwirkungen. Das verdeutlicht, dass eine korrekte Anwendung und ein sachgemäßer Einsatz unerlässlich wichtig sind. Diese Medikamente sollten immer unter fachärztlicher Sicht eingenommen werden. Bei vielen psychischen Erkrankungen ist die Anwendung von Psychopharmaka nur ein Teil der Gesamttherapie.

19. Die Psychologie unserer Haustiere

Die Fragestellung nach dem Bewusstsein der Haustiere ist nur schwer zu beantworten, denn das ist von wissenschaftlicher Seite noch nicht eindeutig geklärt und definiert. Bewusstsein, bedeutet gemäß der Bewusstseinsforschung „sich seiner selbst bewusst zu sein", etwas über die Umwelt zu wissen, Emotionen zu verspüren und mit anderen mitzufühlen. Menschen haben dieses Bewusstsein, dass es eine Umwelt gibt. Sie sind in der Lage, ihr eigenes Tun zu reflektieren und auch die Emotionen und Handlungen anderer Menschen zu interpretieren. Über das Bewusstsein von Tieren gibt es bislang so gut wie gar keine Forschungsergebnisse. Bewusstseinsforschung mit Tieren durchzuführen ist nämlich alles andere als ein leichtes Unterfangen, denn mit ihnen lässt sich überhaupt nicht über ihre Wahrnehmung kommunizieren. Aus diesem Grund sind wissenschaftliche Forscher auf genaue Beobachtungen angewiesen: Physiologische und neurologische Vorgänge müssen aufmerksam analysiert und interpretiert werden. Daraus können mögliche Schlüsse auf das tierische Bewusstsein gezogen werden. Es konnte jedoch beobachtet werden, dass Tiere, die in Familienverbänden leben – entweder als Haustier in einer Familie oder zum Beispiel im

Wolfsrudel – traurig sind, wenn ein Familienmitglied oder ein Partner stirbt. **Solche Emotionen deuten darauf hin, dass Tiere ein Bewusstsein haben**. Ebenso konnte beobachtet werden, dass Tiere, die in einer Gruppe miteinander leben, einen kranken Mitgefährten mitversorgen. Es geht also nicht vorrangig um die eigenen Bedürfnisse und das eigene Überleben, sondern auch um das Wohl anderer Tiergefährten. Tiere halten zudem oft zusammen und sichern gemeinsam das Überleben. All das zeigt, dass die Forschung in diesem Bereich noch einen recht langen Weg vor sich hat, bis alle Details konkret erwiesen werden können. Tiere haben ein Bewusstsein, doch inwiefern sich dieses vom menschlichen Bewusstsein unterscheidet, bleibt noch zu klären.

20. Kommunikationspsychologie

Das, was wir kommunizieren oder nicht kommunizieren, wird nicht nur über Worte weitervermittelt. Eine neutrale Kommunikation ist so gut wie unmöglich, denn was wir anderen gegenüber ausdrücken, ist immer auch vom eigenen persönlichen Hintergrund mitgeprägt.

Das menschliche Kommunikationsverhalten hängt beispielsweise stark vom Verhältnis ab, das eine Person zu ihrem Gegenüber hat. Bei der Kommunikation existieren eine Sachebene und eine Beziehungseben. Die Sachebene macht nur rund zehn bis zwanzig Prozent der Gesamtkommunikation aus. Sie ist der rationale-verbale Teil der menschlichen Kommunikation und steht vor allem für das Weitervermitteln von Fakten, Zahlen und Daten. Die Beziehungsebene gehört zur nonverbalen Kommunikation und beinhaltet die Körpersprache (Gestik und Mimik) eines Menschen. Der kleine Teil der Kommunikation, die Sachebene, ist also das, was das Gegenüber an Informationen weitergibt, ohne seine eigene Meinung oder Wertung oder Emotionen in diese Faktenübermittlung einfließen zu lassen. Der wesentlich größere Teil – die Beziehungsebene – liegt quasi zwischen den Zeilen und macht rund 80 bis 90 Prozent der menschlichen Kommunikation aus.Durch den Tonfall und unsere Körpersprache vermitteln wir unserem Gegenüber sehr viele Informationen und zwar alle auf der nonverbalen Ebene. Menschen sind somit nicht in der Lage, sich nur Fakten zu übermitteln, denn es schwingt immer etwas Persönliches mit (egal ob positiv oder negativ). **Die Beziehungsebene im Bereich der Kommunikation widerspiegelt nicht nur die Beziehung, die der Sender zum Empfänger hegt, sondern diese Ebene kann auch Probleme in der Kommunikation verursachen. Solchen Kommunikationsproblemen liegen dann eigentlich tiefergehende Problemen zugrunde, die sozusagen die Beziehung beider Gesprächspartner betreffen.** Ist die Beziehungsebene gestört, kann sich das maßgeblich auf die Sachebene auswirken.

Besteht beispielsweise zwischen zwei Menschen ein Konflikt, so können sachliche Informationen ganz anders interpretiert werden. **Zur Veranschaulichung möchte ich Ihnen ein Beispiel aus dem beruflichen Alltag geben:** Herr Schmidt erzählt seinem Kollegen von seiner Beförderung. Die sachliche Information ist hier also eindeutig. Der Mitarbeiter Herr Schmidt darf eine höhere Position bekleiden. Sein Kollege kann diese reine Information nun auf ganz unterschiedliche Weise aufnehmen. Dabei wird die Beziehungsebene relevant. Stehen die beiden Kollegen in einem guten Verhältnis, wird er die Nachricht positiv aufnehmen und es sie so interpretieren, als wolle Herr Schmidt seine Freude darüber mit ihm teilen. „Das ist schön für dich“, könnte die Antwort des Kollegen lauten, begleitet von einem sehr freudigen Ton und einem Lächeln bis über beide Ohren. Herr Schmidt nimmt diese Antwort ebenfalls positiv auf und die Kollegen gehen nach Feierabend noch gemeinsam aus, um auf den Erfolg anzustoßen. Stehen die beiden Kollegen aber von Anfang an in keiner guten Beziehung sondern sehen sich eher als Rivalen, könnte sich dieses Szenarium ganz anders abspielen. Herr Schmidt übermittelt seinem Kollegen also wortwörtlich die gleiche Botschaft über seine Beförderung. Sein Kollege, der ihn nicht besonders leiden kann, könnte diese Information ganz anders auffassen. Anstatt einer bloßen Kundgabe der Beförderung ohne Hintergedanken könnte der Kollege davon ausgehen, Herr Schmidt habe die Absicht, ihm damit eins auszuwischen und ihm zu zeigen, dass er der „Bessere“ sei. Der Kollege könnte Herrn Schmidt antworten „Das ist schön für dich“, jedoch mit einem leicht sarkastischen Unterton und einer Mimik, die nicht gerade von Freude spricht. An diesem fiktiven Beispiel sieht man, wie unterschiedliche Beziehungsebenen (einmal freundlich, einmal feindlich gesinnt) bewirken, dass das Gesagte ganz anders vom jeweiligen Gegenüber interpretiert werden kann, obwohl es sich bei beiden Malen um exakt die gleiche Information handelt.

21. Das Eisbergmodell nach Sigmund Freud

Der Psychoanalytiker Sigmund Freud gilt als Inspiration für das Eisbergmodell. Gemäß seiner Persönlichkeitstheorie kann die menschliche Psyche in verschiedene **Instanzen** unterteilt werden, so in das **„Es“ und das „Über-Ich“:** Diese beiden Teile kämpfen ständig miteinander. Das ES steht für die Bedürfnisse, Triebe und Wünsche eines Menschen und wird als „Lustprinzip“ bezeichnet. Das Über-Ich steht hingegen für Normen, moralische Prinzipien und Werte und bildet das sogenannte „Moralitätsprinzip“. Schließlich gibt es noch **eine dritte Instanz, nämlich das „Ich“:** Das lautet „Realitätsprinzip“ und entscheidet darüber, ob und welche Anteile des Lustprinzips (ES) beziehungsweise des

Moralitätsprinzips (Über-Ich) in der als wirklich erlebten Wahrnehmung realisierbar sind.
Sigmund Freud lenkt somit auf die starke Bedeutung des Unbewusstseins für das menschliche Handeln. Freud ging davon aus, dass bestimmte Ängste, traumatische Erfahrungen, Instinkte, menschliche Triebe und Konflikte in unterschiedlicher Ausprägung in das Unbewusste verdrängt werden. Bestimmte Vorgänge und interne Prozesse, die unter dem Einfluss des Über-Ich und des Es stehen, sind dem Menschen nur kurzfristig bewusst. Sie sinken wieder ins Unbewusste hinab. Das Ich ist sozusagen die Mittelinstanz, die eine Art **„Schiedsrichterrolle"** übernimmt: Diese Persönlichkeitsinstanz versucht **zwischen den Konflikten des Es und des Über-Ich zu schlichten** und einen Kompromiss auszuhandeln.
Freuds Modell zufolge ist der größte Teil der menschlichen Psyche im Unbewusstsein und im Vorbewusstsein verankert. Nur ein sehr geringer Teil ist dem Menschen tatsächlich bewusst und ragt somit „über die Wasseroberfläche". Genau das veranschaulicht das Eisbergmodell: Der sichtbare Teil des imaginären Eisbergs ist der verhältnismäßig kleine Bereich, der das menschliche Bewusstsein darstellt. Der überwiegende Teil, also das Unbewusste, das Freud als ES und Über-Ich bezeichnet, ist der deutlich größere Anteil, der unter der Wasseroberfläche verborgen ist (vgl. Gerrig u. a., 2018, S. 525 f.).

22. 40 unglaubliche psychologische Effekte

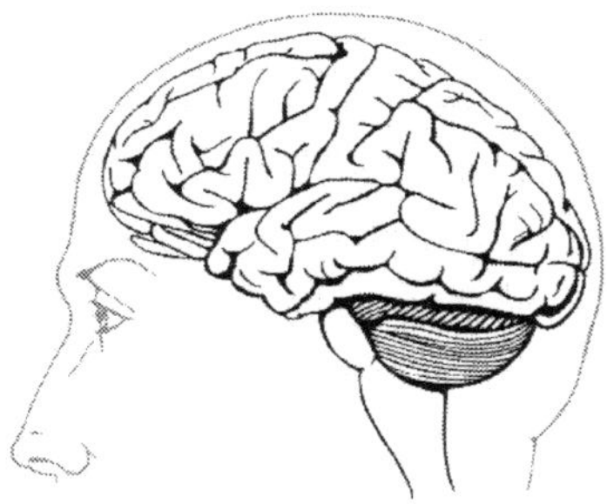

Der Spotlight Effekt

Der Spotlight Effekt entstammt dem Fachbereich der Sozialpsychologie. Er beschreibt die Tendenz, das eigene Verhalten oder persönliche Eigenschaften zu überbewerten. Mit diesem Effekt ist also gemeint, dass Personen davon ausgehen, dass ihren Mängeln, Schwächen und Fehlern mehr Aufmerksamkeit gewidmet wird, als es tatsächlich der Fall ist. Dabei sind kleine Missgeschicke oder Makel für die Umwelt gar nicht so schlimm, wie sie von einem selbst wahrgenommen werden. Besonders häufig tritt dieser Effekt bei kleinen Missgeschicken im Alltag auf: Die Betroffenen haben das Gefühl, im Mittelpunkt der allgemeinen Aufmerksamkeit zu stehen. Sie glauben, die halbe Welt habe ihr Missgeschick beobachten können. Der Spotlight Effekt kann sich jedoch auch in der

Paarbeziehung zeigen: So kann es beispielsweise sein, dass ein Fehler von der betroffenen Person überbewertet wird, obwohl das für den Partner nur eine Kleinigkeit darstellt. Ein Pickel im Gesicht kann für den Betroffenen ein echter Schönheitsmakel und ein großes Problem sein, von dem er ausgeht, dass dieser dem Partner mit Sicherheit auffallen und ihn stören wird. In Realität bemerkt der Partner diese Hautunreinheit jedoch womöglich gar nicht oder empfindet sie auf jeden Fall nicht als störend oder besonders hervortretend.

Der Self-Serving-Bias

Unter diesem psychologischen Effekt werden Regulationsmechanismen verstanden, die zum Erhalt sowie zur Wiederherstellung des psychischen Gleichgewichts führen sollen. Das heißt, dass eine Person dazu neigt, schlechte Eigenleistungen eher mit ungünstigen Umweltbedingungen zu erklären, gute Leistungen hingegen den eigenen Fähigkeiten und dem eigenen Engagement zuzuschreiben. Es handelt sich hier also um eine selbstwertdienliche Verzerrung, die das Wohlbefinden und das psychische Gleichgewicht in Balance halten soll. Erfolge haben demnach eher innere Ursachen wie beispielsweise eigene Talente und Fertigkeiten. Misserfolge haben hingegen äußere Ursachen: Zufälle, bestimmte Mitmenschen oder ungünstige Rahmenbedingungen haben die schlechte Leistung zu verantworten. Dieser psychologische Effekt dient dazu, das eigene positive Selbstbild zu verteidigen und zu stabilisieren. Doch warum kommt es überhaupt zu dieser selbstwertdienlichen Verzerrung? Zum einen spielt der Aspekt der Selbstdarstellung eine zentrale Rolle: Jeder Mensch hat in der Regel den Wunsch, für sich und für die Mitmenschen in einem guten Licht zu erscheinen. Somit wird gerne auf Ausreden zurückgegriffen, um Misserfolge zu begründen. Auch dem Wissen um früher erbrachte Leistungen kommt eine wesentliche Bedeutung zu: Die jeweilige Person hat also bereits die Erfahrung gemacht, eine Aufgabe erfolgreich zu bewältigen. Erfolge müssen somit mit den eigenen Fähigkeiten zusammenhängen, während ein Versagen eher auf äußere Faktoren zurückzuführen ist.

Die Kontrollüberzeugung

Bevor ich dazu komme, Ihnen zu erklären, was es mit der Kontrollüberzeugung auf sich hat, lassen Sie mich beim Begriff der Selbstwirksamkeit beginnen: Der Begriff wurde im Jahr 1970 vom Psychologen Albert Bandura entwickelt. Er bezeichnet die Erwartung einer Person, aufgrund der eigenen Fähigkeiten und Kompetenzen eine gewünschte Handlung erfolgreich durchführen zu können. Es geht also um die eigene Gewissheit, mit der sich eine Person die Lösung einer bestimmten Aufgabe zutraut. Wenn nun eine Person fest daran glaubt, eine bestimmte Aufgabe oder ein Problem erfolgreich lösen zu können, so hat dieser Mensch eine hohe Selbstwirksamkeitserwartung. Manche Menschen sind eher auf Erfolg programmiert. Sie erklären eigene Misserfolge nicht mit einer fehlenden Kompetenz, sondern vielmehr mit ungünstigen Rahmenbedingungen und äußeren Einflussfaktoren. Wenn das angestrebte Ziel also einmal nicht erreicht werden konnte, so lag das gewiss nicht am eigenen Können, sondern eher am Außen. Für diese Personen ist das Glas also „halb voll" und sie starten mit den gewonnenen Erfahrungen optimistisch den nächsten Versuch. Demgegenüber stehen Menschen, bei denen das Glas „halb leer" ist. Sie rechnen eher mit Misserfolg und sind stets auf Rückschläge vorbereitet. Die Ursachen für Misserfolge suchen und finden sie immer in der eigenen Person. Sie rechnen sich demnach auch bei einem zweiten Versuch keine allzu großen Erfolgschancen aus. Das bedeutet, dass sie nur widerwillig und eher halbherzig einen zweiten Anlauf starten, denn die Angst vor dem erneuten Scheitern ist viel zu groß. Diese geringe Selbstwirksamkeitserwartung wirkt sich also sehr nachteilig auf das Meistern künftiger Herausforderungen aus. Zum psychologischen Effekt der Selbstwirksamkeitserwartung gehört auch die sogenannte **Kontrollüberzeugung**: Hier ist eine Person fest davon überzeugt, dass sie selbst Dinge oder den Verlauf von Situationen beeinflussen kann. Äußeren Umweltfaktoren, anderen Personen oder dem Zufall wird hingegen weniger Einfluss zugesprochen.

Der Base-Rate-Neglect Effekt – Prävalenzfehler

Dieser psychologische Effekt wird auch als Basis-Raten-Fehler oder Prävalenzfehler bezeichnet. Er kommt in Kombination mit bedingten Wahrscheinlichkeiten vor. Das bedeutet, dass außer Acht gelassen wird, dass ein bestimmtes Ereignis von Grund auf eine gewisse Wahrscheinlichkeit hat, die bei der Beurteilung der jeweiligen Situation miteinfließen müsste. Das Urteil einer Person in einer bestimmten Situation wird also wahrscheinlichkeitstheoretisch in einem nicht gerechtfertigten Ausmaß beeinflusst. Ein Beispiel hilft dabei, den Base-Rate-Neglect Effekt zu verdeutlichen: Blickt eine Person auf einen wolkenlosen Novemberhimmel, so kann sie davon so beeindruckt sein, dass sie (fast) vollkommen vergisst, wie häufig es im November nasskalt und regnerisch ist. Die subjektive Wahrscheinlichkeit, dass es am nächsten Tag regnet, wäre für diese Person also geringer, als es aufgrund der hohen Basisrate korrekt wäre.

Der Rückkopplungseffekt

Dieser psychologische Effekt wird auch mit den Begriffen Rückmeldung und Feedback assoziiert. Ursprünglich stammt er aus der Kybernetik und bezeichnet dort ein Rückmeldesystem für die Angemessenheit einer bestimmten Leistung. Vom technischen Bereich wurde dieser Begriff später auf die Sozialwissenschaften sowie die allgemeine Psychologie übernommen: Der Rückkopplungseffekt meint hier die unbewusste

Wahrnehmung der eigenen Körperhaltung, Mimik und Gestik sowie deren Wirkung auf das eigene Wohlbefinden. Dieser psychologische Effekt ist ein zentraler Bestandteil in jeder menschlichen Kommunikation und fest verbunden mit dem sogenannten systemischen Denken: Hier wird Kommunikation nicht als ein zirkulärer Prozess wahrgenommen, der gleichzeitig auf vielen verschiedenen Ebenen (nonverbal, verbal, Handlungsebene) abläuft. Es geht beim Kommunikationsprozess also nicht ausschließlich um Ursache und Wirkung, sondern immer um Wechselwirkungen. Besonders gut kann das am Beispiel des Lernens veranschaulicht werden: Eine schlechte Rückmeldung in Form einer negativen Notenbewertung kann auf der einen Seite die Motivation steigern oder auf der anderen Seite zur Resignation führen.

Der Schönheitsfehler Effekt

Perfektionisten erfreuen sich keiner allzu großen Beliebtheit. Kleine „Flecken“ und Schönheitsfehler steigern die Attraktivität und machen erst richtig interessant. Dieser psychologische Effekt besagt also, dass kleine Makel und Missgeschicke die Sympathie erhöhen. Der Schönheitsfehler Effekt besagt, dass es nicht darum geht, perfekt zu sein, sondern dass Menschen, die kleine Fehler offenbaren, als deutlich nahbarer und sympathischer von anderen eingeschätzt werden.

Der Pygmalion Effekt

Dieser psychologische Effekt wird auch als Rosenthal Effekt bezeichnet, denn er geht auf die Forschungen des amerikanischen Psychologen Robert Rosenthal und der Schuldirektorin Leonore Jacobson im Jahr 1971 zurück. Sie wählten für ihre Forschungsstudie zufällig eine Gruppe Grundschüler aus. Im Vorfeld wurde den Lehrern mitgeteilt, dass diese Kinder hochintelligent seien. So zeigte sich im späteren Verlauf, dass die Lehrkräfte im Umgang mit diesen Schülern unbewusst ihr Verhalten änderten: Diese vermeintlich schlaueren Schülern wurden deutlich häufiger angelächelt und auch ihre Schulbeiträge wurden besser eingestuft. Das spornte die Schüler nur noch mehr an. Es geht hier also um eine positive Erwartungshaltung, die sich auf die Leistung anderer auswirkt. Die Erwartungen und die Beurteilungen der Lehrer beeinflussten somit die tatsächlichen Leistungen der Kinder. Im Grunde beschreibt der Pygmalion beziehungsweise Rosenthal Effekt das Phänomen der „selbsterfüllenden Prophezeiungen“. Dieser psychologische Effekt ist auch für Führungskräfte bedeutsam, wenn es um die gezielte Bewertung und Förderung von Mitarbeitern geht.

Der Halo-Effekt

Das Wort Halo stammt aus der englischen Sprache und bedeutet übersetzt „Heiligenschein“. Der Halo-Effekt ist ein Fehler in der Beurteilung von Personen, also ein Urteilsfehler. Ein einziges Personenmerkmal wird als so dominant angesehen, dass andere Eigenschaften und Merkmale dadurch in den Hintergrund gedrängt werden. Zudem wird von diesem dominanten Merkmal ausgehend auf die weiteren Eigenschaften der betreffenden Person geschlossen, ohne dass hierfür überhaupt eine objektive Bewertungsgrundlage vorhanden ist. Der Ausgangspunkt für den Halo-Effekt kann die physische Attraktivität oder eine außergewöhnliche Leistung einer Person sein. Häufig werden attraktive Menschen auch als gesellig und intelligent beurteilt, obwohl das so gar nicht zutreffend sein muss. *Der Halo-Effekt beschreibt also einen Wahrnehmungsfehler, eine unbewusste Störung der eigenen Urteilskraft. Die Sozialpsychologie bezeichnet den Heiligenschein-Effekt auch als kognitive Verzerrung.* **Dieser psychologische Effekt kann übrigens in zwei Richtungen gehen:**

1. Eine positive Eigenschaft überstrahlt den Gesamteindruck der ganzen Person, sodass dieser Mensch als besonders sympathisch eingestuft wird.

Auch im Berufsleben tritt der Halo-Effekt häufig ein, etwa wenn ein Personaler einen Bewerber fehl-beurteilt aufgrund einer besonders positiven Eigenschaft, die er an den Tag legt. Der Bewerber ist nämlich besonders schlagfertig im Vorstellungsgespräch und der Personaler lässt sich davon dermaßen „blenden“, dass andere schlechte Eigenschaften, wie zum Beispiel seine unhöfliche Art, in den Hintergrund treten für den

Personaler. Er „überbewertet“ den Bewerber also völlig.

2. Dominiert hingegen ein negativer erster Eindruck oder ein Fehltritt, so überstrahlt dieses negative Auffallen die gesamte Einschätzung der Person. In diesem Zusammenhang wird vom

Teufelshörner-Effekt

gesprochen.

Die Swimmer´s Body Illusion

Übersetzt bedeutet dieser psychologische Effekt die „Körperillusion des Schwimmers“. Hierbei werden die Auswahlfaktoren mit den Ergebnissen verwechselt. Anders ausgedrückt: Eine Person glaubt, dass sie den Körper eines professionellen Schwimmers erreichen kann, wenn sie nur hart genug trainiert. Ein Profi-Schwimmer hat jedoch keinen speziellen Körper, weil er ein hartes Training absolviert, vielmehr ist er ein guter Schwimmer, weil sein Körper ihn zu dieser Leistung befähigt. Der Körper des Schwimmers ist also das Auswahlkriterium und nicht in erster Linie das Resultat seiner Trainingsaktivitäten und Ambitionen. Den psychologischen Effekt der Swimmer´s Body Illusion machen sich insbesondere Werbeagenturen für ihre Kampagnen und Produktvermarktungen zu Nutze. So werden beispielsweise schöne junge Frauen als Werbemittel eingesetzt, um Kosmetika zu verkaufen. Bei der Zielgruppe entsteht der Eindruck, dass diese Pflegecreme die Frauen so schön mache. Doch so ist es nicht: Die jungen

Frauen sind einfach von Natur aus schön und kommen deshalb für den Vertrieb der Kosmetika in Frage. Es braucht also diese Illusion, um die Zielgruppe zum Kauf anzuregen.

Das Social Loafing

Dieser psychologische Effekt kann mit dem Begriff „soziales Faulenzen" übersetzt werden. Es geht hier um ein sozialpsychologisches Phänomen, das besonders für eine Gruppe, also ein Team, relevant ist. Sobald ein Individuum mit anderen Personen auf ein gemeinsames Ziel hinarbeitet und dabei die Einzelleistung nicht bewusst anerkannt wird, sinkt die körperliche Anspannung und Kraft. Infolgedessen kommt es also zu einem Abfall der Leistung, vor allem bei der Umsetzung von einfachen Aufgabestellungen. Dieser psychologische Effekt zeigt sich beispielsweise bei Ruderern, nicht jedoch bei Staffel-Schwimmern, denn hier wird die Leistung eines jeden Schwimmers sichtbar. Es gibt zudem eine Reihe unterschiedlicher Faktoren, die das Phänomen des sozialen Faulenzens hemmen oder auch verstärken können. So spielt die Teamgröße und auch die zu bewältigende Aufgabe eine große Rolle. Je größer eine Gruppe ist, desto mehr Individuen arbeiten zusammen: Hier besteht also eine recht hohe Wahrscheinlichkeit, dass die Leistung von einzelnen in der Masse untergeht oder die Aufgabenstellung insgesamt nicht anspruchsvoll genug ist. Social Loafing wird auch noch als „Ringelmann-Effekt" bezeichnet.

Der „Ironie des Sokrates“ Effekt

Das charakteristische Element der Philosophie des Sokrates war das Gespräch. Der große Philosoph stellte sich häufig unwissend und überführte seinen Gesprächspartner durch gezielte Fragestellungen der Unwissenheit. Dabei brachte er nicht nur sein Gegenüber, sondern auch die Zuhörer zum Lachen. Dieser psychologische Effekt wird daher als „Ironie des Sokrates“ bezeichnet. Es geht hier also darum, sich „kleinzumachen“, „dumm zu stellen“, um den Gesprächspartner in eine Falle zu locken. Dieser Effekt bezeichnet ein Verstellen im Gegensatz zur rhetorischen Ironie. Wenn im alltäglichen Sprachgebrauch von der sokratischen Ironie die Rede ist, so ist damit ein sich kleinmachendes **Verstellen** gemeint.

Der Authority Bias

Menschen neigen dazu, anderen Autoritätspersonen, die beispielsweise über eine gehobene Position, Macht, Ruhm oder Ansehen verfügen, mehr Wissen und auch mehr Autorität zuzuschreiben, als sie in der Realität besitzen.

Aus diesem Grund setzen Werbefirmen oder andere Unternehmen gerne prominente Redner ein. Sie wissen, dass das Publikum diese Sprecher erkennt und das, was gesagt wird, somit automatisch als glaubwürdiger einstuft. Diese prominente Person wird sofort als intelligent und bestens informiert wahrgenommen, im Gegensatz zu einer völlig unbekannten Person.

Doch wie ist ein Schauspieler einzustufen, der beispielsweise Hundefutter verkaufen möchte?

Hier muss berücksichtigt werden, dass diese Person weder ein Hundeexperte noch ein Ernährungswissenschaftler ist. Es ist also besonders wichtig, das eigene Verhalten zu hinterfragen. Ebenso erscheinen in vielen Anzeigen und Werbungen für Gesundheitsbehandlungen Menschen in einem weißen Kittel. Das bedeutet aber nicht, dass diese Menschen Ärzte oder Wissenschaftler sind. Doch das Ziel ist klar: Die Zielgruppe soll die werbende Person als Autorität wahrnehmen und die Leistung somit in Anspruch nehmen oder das beworbene Produkt kaufen. Der Authority Bias ist somit die Tendenz, der Meinung einer Autoritätsperson mehr Wichtigkeit zu verleihen und somit das Publikum stärker zu beeinflussen.

Der Confirmation Bias

Dieser psychologische Effekt wird auch als Bestätigungsfehler bezeichnet und ist ein Wahrnehmungsproblem. Grundsätzlich neigt jeder Mensch dazu, die eigenen Erwartungen, Meinungen und Annahmen zu bestätigen. Im Jahr 1960 entwickelte der Psychologie Peter Wason die Theorie, dass Menschen im Allgemeinen ihre eigenen Hypothesen lieber bestätigen als sie zu widerlegen. Dieser Confirmation Bias kann weitreichende Folgen haben, denn demzufolge neigen Personen dazu, die verschiedenen Informationen so zu selektieren und zu interpretieren, dass sie perfekt in das eigene Welt- und Anschauungsbild passen. Langfristig führt das jedoch zu einer verzerrten Wahrnehmung und bewirkt sogar,

dass sich vorgefertigte Vorurteile oder Meinungen hartnäckig im Kopf verankern.
Ein typisches Beispiel zur Veranschaulichung ist hier das Verhalten zweier Freunde, die unterschiedliche Mannschaften oder Vereine anfeuern. Solange in einem Wettkampf Gleichstand herrscht, ist alles Ordnung. Entscheidet sich jedoch der Schiedsrichter kurz vor Spielende für einen Elfmeterstoß, so bricht die Diskussion aus. Die eine Person sieht die Entscheidung des Schiedsrichters als völlig gerechtfertigt an, denn es handelt sich ihrer Meinung nach zweifelsohne um ein Foul der Gegner. Die andere Person sieht das gar nicht ein und ist überzeugt, dass der Spieler nur fair abgewehrt hat. An eine Einigung der beiden Freunde ist in einem solchen Augenblick gar nicht erst zu denken. Jede Person sieht genau das, was sie sehen **will** und der eigenen Wahrnehmung am besten entspricht. Eine identische Situation wird von zwei Personen ganz unterschiedlich interpretiert und gewichtet.

Der Outcome Bias

Dieser psychologische Effekt wird auch als Rückschaufehler bezeichnet und stammt aus der Kognitionspsychologie. Der Outcome-Bias-Effekt führt dazu, dass Personen nach einem wichtigen Ereignis nicht mehr im Stande sind, die Auslöser und Ursachen zu beurteilen, die zu diesem Ereignis geführt haben. Sie glauben also im Rückblick, dass sie das Ereignis hätten voraussehen und somit verhindern können. Diese Annahme ist jedoch eine Überschätzung. Es handelt sich hierbei also um eine kognitive Verzerrung, bei der dem Resultat viel zu viel Bedeutung beigemessen wird, der Weg zu diesem Ergebnis hin, jedoch nicht kritisch genug beurteilt wird. Wer die Verzerrung der Resultate vermeidet, kann die Qualität seiner eigenen Entscheidungsprozesse deutlich verbessern.

Es ist ein rein menschlicher Verhaltenszug, zurückzuschauen und sich selbst zu beurteilen. Schließlich geht es darum, aus Fehlern zu lernen und sich in Zukunft daran messen zu können. Das ist an sich eine sehr nützliche Eigenschaft, die dem Menschen ermöglicht, eine Lehre aus der Vergangenheit und möglicherweise begangenen Fehlern zu ziehen. Kommt es hier jedoch zu einer kognitiven Verzerrung, so kann das auch problematisch werden. So kann es dazu kommen, dass dem Ergebnis einer persönlichen Entscheidung eine zu hohe Bedeutung beigemessen wird. Der Prozess, der jedoch zu der ein oder anderen Entscheidung überhaupt erst geführt hat, wird nicht selbstkritisch genug beurteilt.

Der Association Bias

Menschen neigen im Allgemeinen dazu, Dinge emotional miteinander zu verknüpfen, die aber aus sachlich-funktionalem Gesichtspunkt nichts miteinander zu tun haben. So erscheint beispielsweise der Überbringer einer schlechten Nachricht gleich unsympathisch. Ebenso kann es dazu kommen, dass Anfängerglück mit Erfahrung und Eigenexpertise verwechselt wird. Besonders in der Werbeindustrie kommt dieser Effekt zum

Tragen, denn hier werden Dienstleistungen und Produkte emotional aufgeladen, um von der Zielgruppe absichtlich falsch attribuiert zu werden.

Der Action Bias

Auch dieser psychologische Effekt beschreibt ein zutiefst menschliches Verhalten: Menschen, die mit komplizierten Situationen konfrontiert werden, neigen dazu, einfach aktiv zu werden und zu handeln. Der Mensch möchte also in komplexen Situationen etwas tun, auch wenn die Konsequenzen dieses Handelns zum jeweiligen Zeitpunkt noch nicht absehbar sind, nicht sinnvoll erscheinen oder sich sogar schädlich auswirken können. Ein gutes Beispiel sind hier Anleger der Börse: Wenn die Kurse fallen, sollen Aktien verkauft werden, Wertpapiere, die hingegen spektakulär ansteigen, müssen gekauft werden. Schwankungen der Aktienkurse verleiten sehr viele Anliegen zu einer heftigen, schnellen und oft unüberlegten Reaktion. Wer jedoch zu viel tut, kann sich damit rasch die Performance verderben.

Der Liking Bias

Menschen, mit denen wir uns identifizieren und die unserer eigenen Person ähnlich erscheinen, sollen uns mögen – das ist die Aussage dieses psychologischen Effektes. Der Liking Bias ist nur allzu nachvollziehbar, denn der Mensch ist nun mal ein soziales Wesen. Man findet also Menschen, die einem ähnlich sind, zum Beispiel die gleichen Hobbys haben, sympathischer.

Der Survivorship Bias

Dieser Effekt wird auch als Survival Bias bezeichnet und ist eine psychologische Verzerrung zugunsten der sogenannten Überlebenden. Vereinfacht ausgedrückt bedeutet dies folgendes: Der Mensch neigt dazu, nur diejenigen Personen wahrzunehmen, die „überlebt" haben oder die Erfolg in einer bestimmten Sache hatten. Die Personen, die gescheitert sind, werden hierbei jedoch nicht berücksichtigt. Infolgedessen entsteht ein total falscher Eindruck von der Erfolgs- oder Überlebenswahrscheinlichkeit. Ein Beispiel hierfür liefert die Welt der Stars und Sternchen: Menschen werden erfolgreiche Schauspieler, Sportler, Musiker oder Autoren und die Medien schreiben täglich über diese erfolgreichen Menschen. Hinter jedem Star stehen jedoch auch zahlreiche Menschen und Möchtegern-Stars, die gescheitert sind auf ihrem Weg an die Spitze. Diese werden häufig gar nicht wahrgenommen: Auf diese Weise wird die Wahrscheinlichkeit, es selbst bis ganz nach oben hin zu schaffen, grandios überschätzt.

Der Kontrast Effekt

Dieser psychologische Effekt besagt, dass bestimmte Informationen im Vergleich zu anderen wesentlich intensiver wahrgenommen werden. Der Kontrast Effekt ist also eine Verzerrung, die verschiedene Informationen in einem starken Kontrast zueinander präsentiert.

Ein Beispiel dafür gibt es aus dem beruflichen Alltag: Es kann sein, dass ein Vorgesetzter einen leistungsschwachen Mitarbeiter als einigermaßen produktiv und leistungsfähig ansieht, wenn es neben ihm Mitarbeiter gibt, die noch weniger Leistung vorweisen als er. Der Effekt funktioniert aber natürlich auch umgekehrt, also im positiven Sinn.

Die hedonistische Tretmühle

Glück hat leider kein langes Haltbarkeitsdatum. Dinge und Situationen, die uns Menschen mit Glück erfüllen, schwinden rasch wieder aus unserem Bewusstsein und die Normalität kehrt zurück. Der britische Psychologie Michael Eysenck benannte in den 90er Jahren diesen psychologischen Effekt als hedonistische Tretmühle. Der Effekt bezeichnet also die Tendenz des Menschen, nach positiven Erfahrungen oder Lebensereignissen schnell wieder zu einem recht normalen Gleichgewicht an Glücksempfinden zurückzukehren. Dieser psychologische Effekt ist beispielsweise auch ein Grund, weshalb die Wirtschaft so gut funktioniert: Der Mensch kauft materielle Güter, was kurzzeitig Glückshormone freisetzt. Die Freude über den neu erworbenen Artikel währt jedoch nicht lang und ein erneuter Kauf wird in den Blick genommen.

Der Verfügbarkeitsfehler

Dieser Effekt besagt, dass das Urteil eines Menschen sehr stark davon beeinflusst wird, wie sehr ein Ereignis im Gedächtnis verankert ist. Anders formuliert: Ereignisse, an die wir uns eher schlecht erinnern, erscheinen uns wahrscheinlicher als Ereignisse, die wir kaum noch im Gedächtnis haben. Auch hier dient ein Beispiel aus der Arbeitswelt der Veranschaulichung: Frau A. bringt konstant eine gute Leistung und liefert die gesamte Arbeitswoche über perfekte Ergebnisse. Nun hält Herr B. eine sehr gute Präsentation, die die Zuhörer auch auf emotionaler Ebene sehr erreicht. Infolgedessen kann es sein, dass die Arbeitsleistung von Herrn B. insgesamt besser eingeschätzt wird als die Leistung von Frau A., denn Herr B. bleibt eher in Erinnerung.

Der Besitztums-Effekt

Dinge, die man selbst besitzt, werden im Allgemeinen als hochwertiger bewertet. Wenn ein Mensch ein bestimmtes Objekt nicht besitzt, schätzt er es auch nicht so hoch ein.

Das Auswahlparadox

Eine Entscheidungsvielfalt sorgt nicht für Zufriedenheit, ganz im Gegenteil: Die Komplexität und die Fülle an Möglichkeiten überfordern einen Menschen und führen somit zu Unzufriedenheit. Der Mensch hat den Eindruck, sich nicht mehr zurechtzufinden. Häufig kommt es in einem solchen Fall dazu, dass getroffene Entscheidungen wieder bereut werden.

Eine New Yorker Professorin hatte hierzu das sogenannte „Marmeladenexperiment“ durchgeführt: Auf einem Tisch wurden sechs verschiedene Marmeladensorten angeboten, auf dem anderen Tisch hingegen 24 Sorten. Um den Tisch mit 24 Marmeladen scharten sich zwar deutlich mehr Menschen, letztendlich wurden jedoch Marmeladen vom 6-er-Tisch gekauft. Grundsätzlich fühlen sich Menschen also wohl, wenn ihnen eine größere Vielfalt zur Verfügung steht. Sind die Auswahlmöglichkeiten jedoch zu breitgefächert, mündet das rasch in einer Unzufriedenheit.

Der Sunk Cost Fallacy Effekt

Sogenannte Sunk costs sind irreversible Kosten, die in der Vergangenheit schon einmal entstanden sind. Sie können also nicht mehr rückgängig gemacht werden. Dieser Effekt wurde in der Psychologie bereits vielfach untersucht. Das Ergebnis ist, dass Menschen häufig dazu tendieren, in früheren Zeiten getätigte Investitionen und Mühen als Maßstab für Entscheidungen in der Gegenwart zu nehmen.

In einem solchen Fall wird also nicht rational zwischen verschiedenen Handlungsoptionen abgewogen. Vielmehr dienen früher geleistete Kosten und Zahlungen als Begründung für das Weitermachen. Wichtig ist jedoch, solche Entscheidungen nicht auf Grundlage der Vergangenheit, sondern immer im Hinblick auf die Zukunft zu treffen.

Der Priming Effekt

Mit „Priming" ist so viel wie Bahnung oder Vorbereitung gemeint. Das menschliche Gehirn nimmt dabei einen ersten Reiz (prime) auf. Dieser Reiz beeinflusst die Interpretation der darauffolgenden Reize maßgeblich. Das heißt, dass der Prime-Reiz etwas in Bewegung setzt: Mit ihm werden alle nachfolgenden Reize assoziiert.

Das ist also ein sehr wichtiger Punkt, denn somit sind Handlungen, Gedanken und Emotionen nicht völlig kontextlos aus dem Nichts entstanden, sondern beziehen sich auf etwas Vorhergehendes. Priming-Reize können auf allen verschiedenen Sinneskanälen vorkommen, so beispielsweise in Form von Worten, Berührungen, Gerüchen, Gedanken, Bildern oder Erinnerungen.

Selbstbild vs. Fremdbild

Hierbei handelt es sich eher um ein Phänomen als um einen psychologischen Effekt. Dieses Phänomen ist wissenschaftlich bewiesen und besagt, dass zwischen Selbsteinschätzung und Fremdeinschätzung große Unterschiede liegen. Ein Mensch möchte sympathisch auf andere wirken und nimmt sich selbst auch so wahr, kommt aber in Wahrheit unsympathisch an. Natürlich kann dies auch umgekehrt zutreffen. Hier spreche ich von einem Phänomen, da die Unterschiede in der Wahrnehmung, wie man sich selbst sieht und wie andere einen sehen, wirklich sehr groß sein können.

Der Unterlassungsirrtum

In sehr vielen Fällen wissen Menschen nicht, welche Konsequenzen ihre Entscheidungen im Detail haben. Ist eine selbstständige Arbeit eine bessere Grundlage für den Erfolg? Lohnt sich ein Abend im Kino überhaupt oder sollte man den Film doch lieber zuhause auf dem Sofa ansehen? Aufgrund solcher Überlegungen neigen Menschen eher dazu, Nein zu sagen. Psychologen bezeichnen dies als Unterlassungsirrtum. Es ist ein sehr weit verbreiteter Effekt, der von zahlreichen Menschen praktiziert wird. Der Mensch hat also eine große Angst davor, etwas falsch zu machen, sodass er es lieber von vornherein unterlässt.

Die Reziprozität

Dieser Effekt beziehungsweise die Regel besagt, dass Menschen im Allgemeinen eher dazu bereit sind, eine Gegenleistung zu erbringen, wenn sie zuvor selbst etwas bekommen haben. Demnach handelt eine Person so, weil sie nicht in der Schuld einer anderen stehen möchte, die ihr zuvor einmal geholfen hat. Dieser Effekt steht für eine Gegenseitigkeit im menschlichen Miteinander sowie im sozialen Austausch. Sie können diesen Effekt ganz einfach ausprobieren: Tun Sie einfach jemandem aus Ihrem Umfeld selbstlos einen Gefallen und Sie werden sehen, dass Sie für Ihre gute Tat etwas zurückerhalten.

Der Spielerfehlerschluss

Hierbei handelt es sich um einen Fehlschuss hinsichtlich diverser Wahrscheinlichkeiten. Hier gehen Menschen davon aus, dass ein bestimmtes zufälliges Ereignis, das längere Zeit nicht mehr eingetreten ist, nun wahrscheinlicher ist. So beispielsweise einen Sechser zu würfeln bei einem Brettspiel. Mathematische Berechnungen zeigen jedoch, dass auch mehrmals hintereinander eine sechs gewürfelt werden kann.

Der Knappheitsirrtum

Dieser psychologische Effekt besagt, dass Menschen für mengenmäßig begrenzte Güter eher eine Vorliebe entwickeln, ganz egal, welcher Qualität diese Dinge letztendlich sind. Diesen Effekt machen sich besonders Marketingunternehmen zunutze, um die Exklusivität einer Marke, Dienstleistung oder eines Produkts zu sichern. Trotz der vorhandenen Nachfrage der Kunden wird hier eine bestimmte produzierte Menge bewusst zu niedrig angesetzt. Gleichzeitig wird auf die Erträge aus den nicht produzierten Mengen verzichtet. Diese Strategie nutzen beispielsweise Luxusmarken wie Louis Vuitton oder Chanel: Die Produkte sind am Markt oft mit einer langen Wartezeit verbunden. Dadurch kann die Hochpreisstrategie dieser Marken fest etabliert werden.

Der Westermarck-Effekt

Hierbei handelt es sich um ein sozialpsychologisches Phänomen, das von Edvard Alexander Westermarck, einem Soziologen, Ethnologen und Philosophen aus Finnland, begründet wurde. Demnach finden sich zwei Menschen, die lange Zeit sehr eng zueinander aufgewachsen sind, später sexuell nicht mehr anziehend. Hierbei spielt es keine Rolle ob eine Verwandtschaft vorliegt oder nicht.

Der Dunning-Kruger-Effekt

Die meisten Menschen wissen, wo ihre Stärken und Schwächen liegen. Sie sind sich genau bewusst darüber, welche Qualifikationen sie haben und mit welchem Wissen sie punkten können. Es gibt immer wieder Menschen, die ein sehr ausgeprägtes Selbstbewusstsein haben, obwohl das im Grunde gar nicht gerechtfertigt ist. Diese Menschen neigen nicht nur dazu, sich selbst zu überschätzen, sondern auch andere zu unterschätzen, indem sie ihre eigenen Fähigkeiten zu hoch bewerten. Genau diese Tatsache bezeichnet der Dunning-Kruger Effekt, der nach den beiden Begründern, den Psychologen Justin Kruger und David Dunning benannt ist.

Der Placebo-Effekt

Mit einem Placebo ist die heilende oder lindernde Wirkung eines Arzneimittels gemeint, das jedoch im Grunde gar keinen medizinischen Wirkstoff enthält. Ein Placebo sieht aus wie eine ganz normale Arzneitablette, enthält als Füllstoff meistens Zucker, Stärke oder Milchzucker. Nicht nur Medikamente werden zur Placebo-Gruppe gezählt: Auch Maßnahmen wie eine Scheinakupunktur oder eine Scheinoperation kann bei einigen Patienten eine lindernde Wirkung auslösen.

Der Nocebo Effekt

Der Nocebo Effekt ist das Gegenteil vom Placebo Effekt: Hier wird die Annahme vertreten, dass ein gesunder Mensch an einem simplen Glas Wasser erkranken könnte, wenn er davon überzeugt ist, dass Wasser ihn krank macht. Hegt eine Person also im Vorfeld eine entsprechende Erwartung, so wird vom Nocebo Effekt gesprochen.

Aus diesem Grund ist es sehr ratsam, immer auf das Positive zu hoffen und gute Dinge zu erwarten.

Der Bystander Effekt

Mit diesem Effekt wird ein Phänomen bezeichnet, das bei Delikthandlungen oder bei Unfällen auftreten kann. Die Hilfsbereitschaft von Menschen bei einem Überfall oder Unfall hängt von der Anzahl der Menschen ab, die diesem Ereignis noch zuschauen. Je mehr Personen vor Ort sind, desto geringer ist auch die Hilfsbereitschaft. Dieser Effekt ist auch noch unter der Bezeichnung „Zuschauereffekt" oder Genovese-Syndrom bekannt. Benannt ist er nach der amerikanischen Frau Kitty Genovese, die im Jahr 1964 in New York City ermordet wurde. Der Überfall auf sie dauerte rund 30 Minuten und wurde von mehreren Personen beobachtet, dennoch leistete keine einzige von ihnen Hilfe. Dieser Mord wurde zum geschichtlichen Sinnbild für die Gefühlskälte, die Apathie und den Egoismus von Menschen gegenüber einem anderen, der sich in akuter Lebensgefahr befindet. Sind viele potenzielle Helfer vor Ort, so verringert sich die Hilfsbereitschaft des Einzelnen. Bezogen auf diese grauenhafte Tat in New York haben Experten und Wissenschaftler im Nachgang festgestellt, dass sich zu viele Augenzeugen auf jeweils andere Personen vor Ort verlassen haben.

Der Flourishing Effekt

Übersetzt bedeutet das so viel wie „aufblühen": Jeder Mensch kann in sich selbst Bedingungen zum Aufblühen schaffen. So können beispielsweise ein positives Umfeld, treue Freunde oder verständnisvolle

Familienmitglieder zum Aufblühen einer Person mitbeitragen. Die Erfolgsregel lautet hier „drei zu eins“: Demnach sollte ein negativer Moment durch drei positive Dinge wiedergutgemacht werden.

Der Barnum Effekt

Es gibt nicht nur optische Täuschungen, sondern auch psychologische. Der Barnum Effekt ist eine dieser Täuschungsmanöver, der vor allem bei Persönlichkeitstests zur Anwendung kommt. Dieser Effekt ist ein Grund, warum bis heute Menschen an die Astrologie glauben: Ein Text, der eine Person beschreiben soll, enthält möglichst allgemeingültige und vage Aussagen. Solche „Barnum-Aussagen“ sind im Allgemeinen nicht überprüfbar und somit auch nicht widerlegbar, denn sie heben Aspekte hervor, die vielen Menschen gemeinsam sind. Es handelt sich also nicht um individuelle Eigenschaften und Merkmale, sondern um sehr allgemeine und häufig zutreffende.

Der Superstar Effekt

Dieser Effekt besagt, dass allein die Anwesenheit eines besonderen Talents die Konkurrenten negativ beeinflusst. So konnte beispielsweise festgestellt werden, dass Profi-Golfer im Schnitt schlechtere Leistungen erbrachten, wenn Tiger Woods gegen sie antrat. Dieser Effekt konnte jedoch auch bei Schülern und Studenten nachgewiesen werden.

Der Hawthorne Effekt

Dieser Effekt besagt, dass in Menschen bestimmte Veränderungen stattfinden, wenn sie wissen, dass sie von anderen beobachtet werden.

23. Die umgekehrte Psychologie

Wissenschaftlich ist die umgekehrte Psychologie bislang nicht anerkannt. Dennoch ist sie sehr bekannt und liegt auch hoch im Trend, weshalb ich Ihnen auch diesen Aspekt noch kurz näherbringen möchte. Die umgekehrte Psychologie ist eine Form der Manipulation: Es wird versucht den Gesprächspartner vorsichtig dorthin zu lenken, wo man ihn eigentlich haben möchte. Diese Taktik kann gelingen, aber sie kann natürlich auch misslingen. So wird hier einer Person gesagt, dass sie etwas nicht tun soll, obwohl man im Grunde wünscht, dass es getan wird. Hier geht man davon aus, dass die jeweilige Person die entsprechende Handlung doch ausführt, weil sie denkt, man wolle das selbst nicht. Das Restrisiko, dass die Person auf einen hört und es tatsächlich nicht tut, ist auch vorhanden. Die umgekehrte Psychologie kommt häufig in der Erziehung von Kindern und Jugendlichen zum Einsatz, vor allem dann, wenn Eltern nicht mehr weiterwissen. Es ist jedoch bislang umstritten, ob das wirklich der richtige Weg in der Erziehung ist. Auf eine gewisse Weise untergraben Eltern damit die eigene Autorität, vor allem dann, wenn diese Methode der umgekehrten Psychologie häufiger zur Anwendung kommt.

Schluss

Ich hoffe sehr, dass Sie beim Lesen dieses Buches Freude hatten und ein wenig tiefer in die Psychologie eintauchen konnten. Die menschliche Seele ist zu einem großen Teil unerforscht. Sie ist wie ein tiefer Ozean: Der Grund ist unerreichbar, doch genau das macht die Psychologie so spannend und jeden Menschen so einzigartig! Psychologie ist kein Lug und Trug, sondern wird heutzutage mit modernsten Theorien, Modellen und Tests genauestens erforscht. Studien werden höchstwissenschaftlich durchgeführt. Es geht darum, das menschliche Verhalten, die Gefühlswelt, die Motivationen, die dem Verhalten zugrunde liegen und die Entwicklungsprozesse noch besser zu verstehen. Die Psychologie macht Hoffnung, denn sie vermittelt uns, dass jeder Mensch es schaffen kann, sich selbst, seine Denkweise und sein Verhalten zu verändern, ganz egal in welchem Lebensalter. Charakter- und Persönlichkeitsveränderungen sind somit kein Ding der Unmöglichkeit. Das menschliche Leben ist und bleibt eine spannende Reise: Nehmen Sie Ihre Seele und Ihren Körper dankbar an und versuchen Sie jeden Tag neu, sich ein wenig besser kennenzulernen. Möge Ihnen dieser Ratgeber viele Erleichterungen in Ihrem Alltag, Ihrem Privat- und auch in Ihrem Berufsleben verschaffen.

Danke

Für Ihr Interesse an meinem Ratgeber bedanke ich mich herzlich. Es würde mich freuen, wenn Sie die ein oder andere neue Erkenntnis beim Lesen gewonnen haben.

Ihre Alexandra Muth

Ich freue mich über Ihr Feedback

Für mich ist es sehr wichtig, Feedback zu meinem Buch zu bekommen. Wenn Sie Anregungen oder Verbesserungsvorschläge haben, so schreiben Sie mir doch bitte eine Mail an:
greatebooks.4u@gmail.com
bevor Sie eine schlechte Bewertung abgeben. Ich freue mich sehr über konstruktive Kritik. Da es mich viel Zeit und Energie gekostet hat, dieses Buch zu erstellen, wäre ich Ihnen sehr dankbar, wenn Sie mir anstelle einer schlechten Bewertung Ihre Verbesserungsvorschläge persönlich zukommen lassen. Denn dann hätte ich eine Chance, Ihre Kritik anzunehmen und mein Buch zu verbessern. Über eine kurze Rückmeldung in Form einer Rezension auf Amazon würde ich mich ebenfalls sehr freuen. Diese können Sie wie folgt erstellen: Besuchen

Sie auf Amazon.de die Produktseite des Artikels, für den Sie eine Rezension erstellen möchten. Klicken Sie unter Kundenrezensionen auf „Kundenrezension verfassen". Bewerten Sie den Artikel und verfassen Ihre Rezension. Alternativ können Sie diesen Link benutzen, der Sie direkt auf die Seite leitet, auf der bestellte Produkte zu bewerten sind. Der Link ist verschlüsselt und sicher: https://all-about-amz.com/Bewertung

Über die Autorin

Die Autorin Alexandra Muth beschäftigt sich seit ihrer Ausbildung zur IST-Diplom Sport- und Gesundheitstrainerin mit den Themen „Stressbewältigung, Gesundheit und Psychologie". Ihre Teams und Kollegen/innen lieben ihr einfühlsames Wesen und ihre taktvolle, elegante Art zu führen. Das Motto von Frau Muth ist es, anderen stets auf Augenhöhe zu begegnen und sie dort abzuholen, wo sie gerade stehen. „Schaue auf die Welt und betrachte das Leben und die Menschen wie ein Kind" ist ihre Devise, aufgrund dieser sie im Nu die Sympathie anderer gewinnt. Authentizität, Respekt und Leidenschaft werden in ihrem Wortschatz ganz groß geschrieben. Aufgrund ihres Fachwissens und ihrer Menschenkenntnis engagiert sie sich gerne für andere und steht Menschen vor allem dabei zur Seite, sich selbst zu verwirklichen.

Bereits als Kind war sie ein sehr offenes Wesen, das schnell neue Kontakte knüpfte und anderen stets half. Frau Muth unternimmt in ihrer Freizeit am liebsten etwas mit Freunden, kocht für ihre Familie und entspannt beim Yoga.

Durch ihre langjährige berufliche Erfahrung als Kurs- und Seminarleiterin konnte sie sich ein umfangreiches Know-how in den Bereichen Kommunikation und Entwicklungspsychologie aneignen. Später entschied sie sich für ein berufsbegleitendes Bachelor-Studium der Angewandten Psychologie und studiert derzeit im 7. Semester. Sie liebt es, ihr umfangreiches Wissen in ihren Büchern mit viel Herz und Hingabe weiter zu geben und andere dabei zu unterstützen, ihre Ziele mit Leichtigkeit zu erreichen.

Weitere Bücher der Autorin

Hier finden Sie weitere Bücher der engagierten Autorin Alexandra Muth. Wenn Sie sich selbst neu finden möchten und glücklicher werden wollen, dann lesen Sie unbedingt die anderen Exemplare der sympathischen Autorin. Alexandras Ratgeber werden Sie darin unterstützen, sich persönlich wie beruflich weiter zu entwickeln.

https://great-books4you.com/alexandra-muth

Über den Verlag Great Books 4YOU

Wir möchten uns im Namen des gesamten Great Books 4YOU-Teams persönlich bei Ihnen bedanken für Ihr Interesse an einem unserer Bücher.

Unsere Autoren, engagierte und fachkundige Schriftsteller, verfolgen das Ziel, Ihnen interessante und nützliche Ratgeber zur Verfügung zu stellen. Die Autoren sind alle auf ein bestimmtes Gebiet spezialisiert, um ihr Fachwissen weiter zu geben, damit auch andere Menschen von ihrem Know-how profitieren! Bei unseren Büchern achten wir stets auf eine hohe Qualität sowie einen angenehmen Lesefluss.

Unser Ziel ist erreicht, wenn Ihnen unsere Bücher persönlich wie auch beruflich weiterhelfen und Sie Spaß beim Lesen haben!

Wenn Sie mehr über uns erfahren möchten oder keinesfalls unsere Gratis-Downloads in Form von Pdf- oder Audio-Dateien verpassen möchten, besuchen Sie uns doch einfach!

https://great-books4you.com

Wir halten Sie auf unserer Webseite auf dem Laufenden über die neuesten Storys der Autoren, Bestseller sowie Geschenke unserer Schriftsteller an ihre Leser/innen & alle Interessierten.

Wir wünschen Ihnen viel Freude beim Lesen.
Alles Gute für Sie und vielleicht bis bald,
Ihr Great Books 4You-Team

Haftungsausschluss

Der Autor übernimmt keinerlei Gewähr für die Aktualität, Korrektheit, Vollständigkeit oder Qualität der bereitgestellten Informationen und weiteren Informationen. Haftungsansprüche gegen den Autor, welche sich auf Schäden materieller oder ideeller Art beziehen, die durch die Nutzung oder Nichtnutzung der dargebotenen Informationen bzw. durch die Nutzung fehlerhafter und unvollständiger Informationen verursacht wurden, sind grundsätzlich ausgeschlossen, sofern seitens des Autors kein nachweislich vorsätzliches oder grob fahrlässiges Verschulden vorliegt. Alle Angaben wurden vom Autor mit größter Sorgfalt und nach bestem Wissen und Gewissen recherchiert oder spiegeln seine eigene Meinung wider. Der Inhalt des Buches passt möglicherweise nicht zu jedem Leser und die Umsetzung erfolgt ausdrücklich auf eigenes Risiko. Es gibt keine Garantie dafür, dass alles genau so, bei jedem Leser, zu genau den gleichen Ergebnissen führt. Der Autor und/oder Herausgeber kann für etwaige Schäden jedweder Art aus keinem Rechtsgrund eine Haftung übernehmen.

Urheberrecht

Quellenverzeichnis

Aronson E.; Wilson T. D.; Akert R.M.; (2014). Sozialpsychologie. 8. aktualisierte Auflage. Pearson Studium.

Brandstädter, J.; Lindenberger, U. (Hrsg.); (2007). Entwicklungspsychologie der Lebensspanne: ein Lehrbuch. Stuttgart: Kohlhammer

Felser, G.; (2007). Werbe- und Konsumentenpsychologie: Eine Einführung. Heidelberg: Spektrum.

Gerrig, R.J.; Zimbardo P.; Dörfer T.; Roos J.; (Hrsg) (2018). Psychologie. 21. aktualisierte und erweiterte Auflage. Pearson Deutschland GmbH.

Neyer, F. J.; Asendorpf, J. B.; (2007). Psychologie der Persönlichkeit. 4. Auflage, Heidelberg: Springer

Oerter R.; Montada L.; (Hrsg) (2002). Entwicklungspsychologie. 5., vollständig überarbeitete Vorlage. BeltzPVU.

Stangl, W. (2019). Stichwort: Psychosomatik. Online Lexikon für Psychologie und Pädagogik. https://lexikon.stangl.eu/1194/psychosomatik (2019-08-21)

Wellhöfer, P. R. (1990). Grundstudium allgemeine Psychologie. Stuttgart: Enke.

Wittchen H.-U.; Hoyer J.; (2011). Klinische Psychologie & Psychotherapie. e., vollständig überarbeitete und aktualisierte Auflage. Springer-Verlag GmbH.

Impressum

IST DIPLOM S. u. G. Alexandra Muth

1. Auflage 2019

Kontakt:
"Great-Ebooks4U"
c/o Bianca Kronsteiner
Robert-Preußler-Straße 13 / TOP 1
5020 Salzburg
AT – Österreich
greatebooks.4u@gmail.com
Covergestaltung: Marie
Fotos: www.depositphotos.com

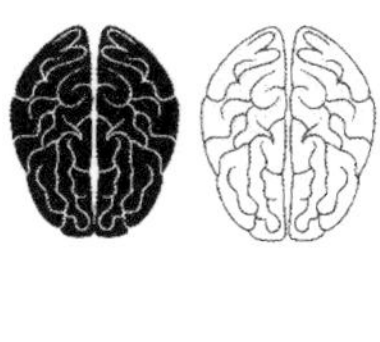

Printed in Poland
by Amazon Fulfillment
Poland Sp. z o.o., Wrocław

56886119R00083